DOS TIPOS
DE
JUSTICIA

¡LA OPCIÓN DERECHA
PROPORCIONA
RECOMPENSAS—AHORA
Y ETERNAMENTE!

E. W. KENYON

WHITAKER
HOUSE

Todas las citas de la escritura son tomados de la versión *Santa Biblia, Reina-Valera 1960* (RVR) © 1960 Sociedades Bíblicas en América Latina; © renovado 1988 Sociedades Bíblicas Unidas. Usado con permiso.

Traducción al español realizada por:
Belmonte Traductores
Manuel de Falla, 2
28300 Aranjuez
Madrid, ESPAÑA
www.belmontetraductores.com

Dos Tipos de Justica

Publicado originalmente en inglés bajo el título:
Two Kinds of Righteousness

por E. W. Kenyon
Kenyon's Gospel Publishing Society
P.O. Box 973
Lynnwood, WA 98046-0973
www.kenyons.org

ISBN: 978-1-60374-235-1
Impreso en los Estados Unidos de América
© 2010 por Kenyon's Gospel Publishing Society, Inc.

Whitaker House
1030 Hunt Valley Circle
New Kensington, PA 15068
www.whitakerhouse.com

Para comentarios sobre este libro o para información acerca de otros libros publicados por Whitaker House, favor de escribir via Internet a:
publisher@whitakerhouse.com.

1 2 3 4 5 6 7 8 9 **W** 15 14 13 12 11 10

Contenido

Introducción

Un hombre y su pastor habían estado pescando toda la tarde. Esa noche, al sentarse los dos amigos delante de su fogata, el hombre se dirigió a su pastor y le dijo: "La vida no ha sido lo que yo soñé que fuera. Aún me queda por alcanzar la meta que establecí en mi corazón cuando era joven. Nunca he hablado de esto con nadie, pero hoy te lo voy a contar.

"Siempre he sido una persona religiosa. He sido maestro de la Biblia, también supervisor de la escuela dominical, y he sido educador desde que dejé la universidad; pero todos estos años he mantenido un secreto: Dios nunca ha sido real para mí. He leído los Evangelios, incluso he enseñado sobre ellos, pero durante todo este tiempo siempre tuve la conciencia de que aún no había llegado.

"El sermón que diste la otra noche me reveló lo que necesitaba. Cuando yo estaba empezando, nunca nos enseñaron sobre la vida eterna. Todo se trataba de 'convertirse' y 'formar parte de la iglesia'. Nos enseñaban muy poco sobre la justificación, y cuando lo hacían, siempre era desde un punto de vista teológico, y carecía totalmente de realidad.

"Cuando finalmente entendí que se podía recibir vida eterna—la naturaleza misma de Dios—, supe que la justicia era real. En un abrir y cerrar de ojos, toda mi teología y mis teorías se desvanecieron, y por primera vez me vi como realmente era a los ojos de Dios.

"Nunca había honrado lo que Dios ha hecho en Cristo. Nunca había sabido lo que Cristo había hecho por mí. Durante todos estos años yo era una nueva criatura. Tenía la vida y la naturaleza de Dios, pero nunca me atreví a decir: 'Soy la justicia de Dios'. Nunca confesé algo así, y nunca me atreví a creer que tal cosa fuera posible hasta que muriese.

"La conciencia de pecado me ha mantenido en esclavitud todos estos años. Siempre que alguien predicaba en contra del pecado, yo respondía: 'Ese soy yo'.

"Experimenté el pecado. Luché contra el pecado. Sufrí sus efectos, pero no sabía que, si cometía pecado, tenía un Abogado ante el Padre: Jesucristo el Justo. No sabía que cuando fui recreado, *me convertí* en la justicia de Dios en Cristo.

"Te agradezco lo que me has dicho".

Capítulo uno

El porqué

El impulso que hace que un hombre sea un borracho y otro un filósofo, la agitación que llena la taberna y el casino de juegos, el salón de baile y las películas, y todos los demás lugares de ocio, es la búsqueda desesperada de realidad que emprende el corazón. Es la búsqueda universal de los tiempos: la búsqueda del espíritu de su "Santo Grial".

Nadie lo encuentra hasta que contacta con el Hombre, Jesucristo, y le corona como el Señor de su vida. En ese momento, termina su búsqueda; ha llegado.

Puede que uno no sea consciente de qué es exactamente lo que le ha sucedido, pero sabe que los placeres que una vez buscó han perdido su sabor y atracción. No sabía que su hambre era espiritual, que era una búsqueda de algo que sólo Dios podía proporcionar. Ninguna persona alcanza el lugar de reposo en el espíritu hasta que no establece ese contacto.

El hombre es un ser espiritual. Tiene un alma, y vive en su cuerpo.

El hombre verdadero nunca puede estar permanentemente satisfecho con las cosas de los sentidos.

Sin lugar a duda, el niño o la niña que encuentra a Cristo en su adolescencia es menos probable que lleve una vida alocada o que busque desesperadamente los peligrosos placeres del mundo, porque ahora tiene algo que responde a ese clamor.

Este libro es un estudio. Ofrece una solución para el problema del espíritu. Le invito a leerlo con atención. En él, creo que he encontrado la fuente del gozo eterno.

EL HOMBRE, ANTES DE SER SALVO

El hombre que no llega a entender la justicia no tiene cómo acercarse a Dios.

El sentimiento de condenación le ha causado un complejo de inferioridad que le hace ser cobarde. Le roba la fe en Dios y en la Palabra de Dios. Esta conciencia de pecado le mantiene atado.

Siente que no tiene derecho a acercarse a Dios. Sabe que no es lo suficientemente bueno para orar o para que sus oraciones sean respondidas. Si ora, es una oración de desesperación.

Esta difícil situación le ha llevado a la filosofía. Ya no podía seguir alejado del tema de Dios y la religión, como un hambriento no puede estar alejado de la comida. Pero su sentimiento de culpa, inferioridad, fracaso y debilidad le hace razonar, y ese razonamiento es lo que llamamos *filosofía*.

Por este motivo, Georg Hegel eliminó completamente a Dios como un ser espiritual de su filosofía. Para él, Dios era una gran mente sin ningún centro cerebral o personalidad. En su filosofía, también eliminó a Satanás. Si no existe Satanás, no puede haber pecado. Si no hay pecado, no hay conciencia de pecado. Como consecuencia, no hay cielo porque no hay vida después de la muerte. Tras la muerte, el hombre simplemente flota en una mente universal y es absorbido por ella. No hay resurrección del cuerpo, ni juicio. El hombre simplemente se desintegra y se convierte en parte del gran agujero. Este no es sino el sueño de un hombre que no pudo encontrar a Dios con sus sentidos.

Puede ver por qué, en parte, la ciencia cristiana creció como consecuencia de la filosofía de Hegel.

Si no existe Satanás, no hay enfermedad ni muerte. Sin embargo, todos morimos.

Este es el "conocimiento sensorial" que busca la libertad que sólo Dios puede dar al hombre.

El hombre tiene una conciencia de pecado muy desarrollada—un complejo de inferioridad espiritual, un sentimiento de que no es digno—que le domina. Está gobernado por la duda. Lo único que tiene es conocimiento sensorial, un disparate que es incapaz de encontrar o conocer a Dios.

Este es el estado del hombre, antes de ser salvo.

Capítulo dos

Por qué hemos fallado

La iglesia ha sido eficaz a la hora de hacer ver al hombre su necesidad de justicia, y su debilidad e incapacidad de agradar a Dios. Ha sido estridente en su denuncia del pecado en la vida del creyente. Ha predicado contra la incredulidad, la conformidad al mundo y la falta de fe, pero tristemente le ha faltado saber establecer la verdad de quiénes somos en Cristo, o cómo la justicia y la fe están disponibles.

La mayoría de nuestros himnos hablan de la redención como algo para después de la muerte. A menudo, proclaman que:

- Vamos a tener reposo cuando lleguemos al cielo.
- Vamos a tener victoria cuando lleguemos al cielo.
- Vamos a ser vencedores cuando lleguemos al cielo.
- Vamos a tener paz con Dios cuando lleguemos al cielo.
- No habrá más fracaso cuando lleguemos al cielo.

A este lado del cielo, sin embargo, no hay nada más que fracaso, desgracia, decepción y debilidad.

La Escritura nos dice: *"y vosotros estáis completos en él, que es la cabeza de todo principado y potestad"* (Colosenses 2:10).

¿Cuándo hemos de estar *"completos"*? ¿En esta vida o en la siguiente?

Romanos 8:37 nos dice: *"Antes, en todas estas cosas somos más que vencedores por medio de aquel que nos amó"*.

¿Cuándo hemos de ser *"más que vencedores"*? ¿Es después de la muerte, cuando dejamos este "velo de lágrimas"?

Filipenses 4:13 promete: *"Todo lo puedo en Cristo que me fortalece"*.

¿Cuándo podremos hacer todas las cosas? ¿Es después de terminar la carrera y estando con Él en el nuevo cielo y la nueva tierra?

Romanos 8:1 declara: *"Ninguna condenación hay para los que están en Cristo Jesús, los que no andan conforme a la carne, sino conforme al Espíritu"*.

¿Cuándo hemos de vivir sin condenación?

Sin embargo, con demasiada frecuencia, no oímos otra cosa que condenación cuando se predica. Se hace muy poca distinción entre santo y pecador.

¿Cuándo se convierte Romanos 5:1 en una realidad?

Justificados, pues, por la fe, tenemos paz para con Dios por medio de nuestro Señor Jesucristo.

Son muchos los ministros que no predican la paz de Dios en el presente. Siempre se nos promete en un tiempo futuro.

¿Cuándo hemos de encontrar este algo glorioso llamado paz? ¿Cuándo es Jesús hecho *"sabiduría, justificación, santificación y redención"* (1 Corintios 1:30)?

¿Tiene que suceder después de la muerte, o está disponible ahora para nosotros?

Al que no conoció pecado, por nosotros lo hizo pecado, para que nosotros fuésemos hechos justicia de Dios en él.

(2 Corintios 5:21)

Sabemos que la primera parte de este versículo es cierta, ¿pero es cierta también la segunda parte? ¿Podemos ser hechos justicia en esta vida presente o sólo después de la muerte?

¿Es esta justicia simplemente algo que nos aguarda, o realmente somos la justicia de Dios en Cristo?

¿Es esta redención metafísica, o es una realidad?

> *Y a aquel que es poderoso para guardaros*
> *sin caída, y presentaros sin mancha delan-*
> *te de su gloria con gran alegría.*
>
> (Judas 1:24)

¿Podemos confiar en que seremos presentados sin mancha?

¿Es la presencia que se menciona aquí—una presencia acompañada de una gran alegría—para después de la muerte, o es para el presente?

Para mí está claro que hemos de vivir y caminar en la presencia de Dios ahora. Si Jesús no nos puede presentar ante la presencia de Dios con gran alegría ahora, es seguro que no podrá presentarnos tampoco después de morir.

> **Para mí está claro que hemos de vivir y caminar en la presencia de Dios ahora.**

Creo que lo que la Biblia dice sobre nosotros es totalmente cierto, que Dios mismo es nuestra justicia en este momento, y que somos la justicia de Dios en Cristo. Estoy convencido de que somos copartícipes de la naturaleza divina y que no hay condenación para los que *"andamos en luz, como él está en luz"* (1 Juan 1:7).

Además, si después de nacer de nuevo seguimos siendo gobernados por la "naturaleza caída"—la naturaleza de pecado que entró en Adán en la caída—, entonces nuestro nuevo nacimiento es un fracaso total. Parece que Dios puede darnos vida eterna y perdonarnos cuando pecamos, pero no es capaz de darnos dominio sobre nuestra antigua naturaleza pecaminosa.

Esto es un absurdo. No es cierto. Esto no es la Palabra de Dios.

De modo que si alguno está en Cristo, nueva criatura es; las cosas viejas pasaron; he aquí todas son hechas nuevas. Y todo esto proviene de Dios, quien nos reconcilió consigo mismo por Cristo, y nos dio el ministerio de la reconciliación.
(2 Corintios 5:17–18)

Un hombre no puede estar en Cristo y ser gobernado por la naturaleza del diablo en él. O está en la familia de Dios o en la familia de Satanás.

En esto se manifiestan los hijos de Dios, y los hijos del diablo. (1 Juan 3:10)

No puede haber un verdadero desarrollo de fe, ni una vida cristiana fuerte y victoriosa, con este mezclado concepto.

O somos nuevas criaturas, o no lo somos.

O hemos pasado de muerte a vida, o no hemos pasado.

Cuando el apóstol Pablo dice: *"Porque el pecado no se enseñoreará de vosotros"* (Romanos 6:14), quiere decir exactamente lo que dice. Si usted vive una vida de debilidad y derrota, es porque no sabe quién es usted en Cristo.

La necesidad suprema de la iglesia en este tiempo es saber cómo nos ve el Padre, y lo que Él considera que somos.

Lea los siguientes versículos con detenimiento:

Bendito sea el Dios y Padre de nuestro Señor Jesucristo, que nos bendijo con toda bendición espiritual en los lugares celestiales en Cristo. (Efesios 1:3)

Y a vosotros también, que erais en otro tiempo extraños y enemigos en vuestra mente, haciendo malas obras, ahora os ha reconciliado en su cuerpo de carne, por medio de la muerte, para presentaros santos y sin mancha e irreprensibles delante de él. (Colosenses 1:21–22)

Esto ya se ha realizado en Cristo. Usted está ante Él completo en Cristo.

A fin de presentársela a sí mismo, una iglesia gloriosa, que no tuviese mancha ni arruga ni cosa semejante, sino que fuese santa y sin mancha. (Efesios 5:27)

En la mente de la mayoría de las personas, esto se refiere a la vida después de la muerte, pero eso no es acertado. Somos presentados sin mancha ni arruga ahora.

¿Cree que un creyente lleno de una vida de pecado podría estar en Cristo y estar ante Él sin mancha ni arruga?

Si Él no puede transformar nuestra naturaleza pecaminosa cuando somos nacidos de nuevo—si los méritos de la sangre no pueden acabar con ella—, ¿entonces cuándo podremos ser justificados?

No cuando morimos, porque Satanás es el autor de la muerte.

Declaro delante de los ángeles del cielo, ante los demonios y todas las huestes del infierno, que la obra redentora de Dios no necesita ayuda de Satanás para hacernos completos en la presencia de Dios.

Capítulo tres

La revelación de la justicia

Entendemos que *justicia* significa la capacidad de estar en la presencia de Dios Padre sin tener un sentimiento de culpa o inferioridad. El deseo de eliminar la conciencia de pecado ha sido la búsqueda de los siglos. Ha dado a luz a las principales religiones del mundo.

Mary Baker Eddy, fundadora del movimiento de la Ciencia Cristiana, usando las creencias de Hegel, declaró abiertamente que Dios no es una persona, y que Satanás no es una persona. Por tanto, si no hay Dios ni diablo, no puede haber pecado. Si no hay pecado, no puede haber juicio del pecado. Y si no hubiera pecado ni temor al juicio, entonces no habría conciencia de pecado.

Levantarse y declarar que la marea no va a crecer no impide que la marea crezca. De igual forma, la declaración de un filósofo de que no hay Dios no impide que Él sea Dios. Dios existe. Satanás existe. El pecado existe.

Pero Dios ha tratado con el problema del pecado en su Hijo. Él ha desechado el pecado por medio del sacrificio de ese Hijo. Él ha hecho posible en términos legales el que el hombre, que está espiritualmente muerto y en unión con Satanás, se convierta en una nueva criatura al recibir la naturaleza y la vida de Dios. (Véase Romanos 6:3–8).

Esta vida y naturaleza de Dios es la justicia. Por consiguiente, el hombre que ha recibido la naturaleza de Dios se ha convertido automáticamente en la justicia de Dios en Cristo. Puede que él no lo sepa, puede que no se aproveche de ello, pero aun así sigue siendo cierto.

El dominio de la conciencia de pecado sobre la iglesia ha sido alimentado, desarrollado y hecho una realidad a través de ministros que han predicado del pecado en lugar de predicar de Cristo y de la nueva creación.

La conciencia de pecado llegó con la caída, cuando el hombre fue copartícipe de la muerte espiritual. A lo largo de los siglos, el hombre ha estado bajo la maldición de la muerte espiritual, la cual dio a luz a la conciencia de pecado. Un hombre espiritualmente muerto no puede estar en la presencia de Dios. Vemos cómo Dios ilustró este hecho en el Antiguo Testamento.

Una vez al año, el sumo sacerdote entraba en el Lugar Santísimo, y sólo cuando estaba suficientemente protegido por el sacrificio de sangre. No entraba para adorar sino para ofrecer la expiación anual por los muertos espirituales: Israel. (Véase Levítico 16:11–29).

Finalmente, Dios envió a su Hijo al mundo para quedar eternamente unido con la humanidad. Ese Hijo fue a la cruz por el consejo de Dios, se hizo pecado y tomó nuestro lugar como sustituto. Entonces conquistó al enemigo y puso la justicia a disposición de la humanidad.

Una redención que no hiciera al hombre justo sería una falacia. Hasta que el hombre no es justo—y lo sabe—, Satanás reina sobre él; el pecado y la enfermedad son sus amos. Pero en el instante en que el hombre sabe que es la justicia de Dios en Cristo, y sabe lo que significa esa justicia, Satanás queda derrotado.

> *En el instante en que el hombre sabe que es la justicia de Dios en Cristo, y sabe lo que significa esa justicia, Satanás queda derrotado.*

Por lo general, la iglesia no ha enseñado ni tan siquiera una justicia limitada. Tiene una justificación teológica que no resuelve el conflicto. La redención de Dios en Cristo es la solución. Hace que el hombre tenga un espíritu dominante cuando había servido como un esclavo en debilidad.

¿Cómo podemos obtener esta justicia que nos dará una comunión perfecta con el Padre, que nos dará una conciencia de ser señores sobre las fuerzas de la oscuridad?

Ese tipo de justicia nos viene aceptando a Jesucristo como Salvador y confesándole como Señor sobre nuestras vidas.

Cuando reconocemos que Jesús murió por nuestros pecados como nuestro sustituto, que al tercer día resucitó de la muerte después de haber quitado el pecado y haber satisfecho las demandas de la justicia, y cuando le aceptamos como nuestro Salvador y le confesamos como nuestro Señor, ese es el momento en que recibimos la naturaleza de Dios.

> *Al que no conoció pecado, por nosotros lo hizo pecado, para que nosotros fuésemos hechos justicia de Dios en él.*
>
> (2 Corintios 5:21)

Nos hemos convertido en la justicia de Dios en Cristo. Esta justicia no es una experiencia, aunque da a luz a muchas experiencias maravillosas. Es la naturaleza del Padre impartida en nosotros. Es esa naturaleza que gana dominio en nosotros hasta que sabemos que somos lo que Dios dice que somos: ¡amos, vencedores, y mucho más!

Capítulo cuatro

Estudio sobre la conciencia de pecado

La conciencia de pecado se puede identificar como la razón de prácticamente todo fracaso espiritual. Destruye la fe, destruye la iniciativa en el corazón, y le da al hombre un complejo de inferioridad. El hombre tiene miedo de su Dios, de sí mismo, y siempre anda buscando encontrar a alguien que pueda hacer por él una oración de fe. No tiene conciencia alguna de su propio derecho legal para estar en la presencia del Padre sin sentir condenación.

El complejo de inferioridad que se deriva de la conciencia de pecado se afronta en todo lugar en la iglesia. Me han dicho muchas veces: "Si pudiera deshacerme de esta conciencia de pecado, conseguiría mi sanidad y sería poderoso para Dios. Pero no puedo deshacerme de ella".

¿Ha provisto Dios una redención que cura esta enfermedad del pecado?

Estoy seguro de que sí. Si Él no hubiera planeado derrotar el pecado en el hombre durante su estancia en la tierra, el hombre no podría nunca estar bien ante Dios, porque la redención funciona sólo en esta era.

Dios ha hecho provisión para hacer del hombre una nueva creación. Ha planeado impartirle su propia naturaleza: venciendo la vieja naturaleza con su propia naturaleza. Esta transformación destruye la conciencia de pecado.

Pocos teólogos han reconocido el hecho de que la conciencia de pecado es la fuente de casi todas las religiones humanas por medio de las cuales el hombre ha intentado sanar esta terrible enfermedad.

El sentimiento de falta de dignidad destruye la fe, nos roba nuestra paz mental, y hace inefectiva la vida de oración más ferviente y celosa. Nos roba toda comunión y convivencia con el Padre.

Muchos han intentado acallar sus conciencias asistiendo a la iglesia, haciendo penitencia, ayunando, dando dinero, repitiendo oraciones, haciendo buenas obras, renunciando a placeres, luchando contra malos hábitos, poniéndose bajo disciplina de abnegación y autodegradación, menospreciando el cuerpo y haciendo largas peregrinaciones. Algunos incluso han llegado a lacerar sus propios cuerpos.

Acaba de surgir un nuevo movimiento en el que hombres y mujeres están encontrando un alivio temporal confesándose sus pecados los unos a los otros. Confesar los pecados puede aportar un alivio temporal de la presión y la culpa que sienten, pero no hay obra de ningún tipo, ya sean obras de arrepentimiento, penitencia, repetición de oraciones o abnegación, que pueda librar al corazón de la conciencia de pecado.

DOS TIPOS DE CONCIENCIA DE PECADO

Hay dos tipos de conciencia de pecado.

Una se encuentra en el hombre que nunca ha nacido de nuevo. La otra se encuentra en el creyente subdesarrollado: el que nunca ha crecido más allá del estado de infancia espiritual y que no conoce sus derechos y privilegios en Cristo.

¿Cuál es la dificultad?

Es esta. El hombre natural es un pecador, pero es más que eso. Es más que un transgresor y más que un violador de la ley. Es, por naturaleza, un hijo de ira. Está espiritualmente muerto. Lo sepa o no, está unido a Satanás como el creyente está unido a Dios. El creyente se ha convertido en copartícipe de la naturaleza de Dios; el hombre natural es copartícipe de la naturaleza de Satanás.

El problema es: ¿Cómo puede Dios tratar legalmente con el problema del pecado? ¿Cómo puede tratar con la naturaleza satánica que existe en el hombre no regenerado?

La cura de Dios

Dios ha provisto una redención que cubre cada fase de la necesidad del hombre y que restaura perfectamente su comunión con el Padre.

El creyente está completo en Cristo. Ha participado de la plenitud de Dios en Cristo.

> **Dios ha provisto una redención que cubre cada fase de la necesidad del hombre y que restaura perfectamente su comunión con el Padre.**

Porque de su plenitud tomamos todos, y gracia sobre gracia. (Juan 1:16)

Bajo el antiguo pacto, había un recordatorio y una expiación por los pecados año tras año, pero en el nuevo pacto, un hombre que ha aceptado a Jesucristo recibe un sentimiento de su unidad y comunión con el Padre que le da la capacidad de estar ante Dios por la sangre de Jesús. (Véase Hebreos 10:1–19).

El cual nos ha librado de la potestad de las tinieblas, y trasladado al reino de su amado Hijo, en quien tenemos redención por su sangre, el perdón de pecados.

(Colosenses 1:13–14)

Observe en este versículo que Él *"nos ha librado de la potestad de las tinieblas"*, o sea, del dominio de Satanás, y al mismo tiempo, *"trasladado al reino de su amado Hijo"*.

Hay cuatro hechos aquí que ocurren simultáneamente en nuestras vidas en el momento de la salvación.

Primero, somos liberados del dominio de Satanás.

Segundo, nacemos al reino del amado Hijo de Dios.

En tercer lugar está "en quien tenemos redención". Nuestra redención es del dominio de Satanás. Satanás ya no tiene derecho legal de reinar sobre la persona que ha aceptado a Cristo como su Salvador. Esta persona ha sido liberada del dominio y la autoridad de Satanás. Ha nacido a la familia de Dios, al reino de su amado Hijo. En el momento en que esta persona aceptó a Cristo, la obra redentora que Jesús llevó a cabo se convirtió en una realidad.

Cuarto, Dios no sólo nos redime del dominio de Satanás, sino que también hay una remisión de nuestros pecados.

Él nos redime.

Él nos regenera.

Él nos libera de la autoridad de Satanás.

Él remite todos los pecados que hayamos cometido jamás.

Capítulo cinco

El significado de la justicia

Creo que no hay otra palabra en la Biblia, o en la teología, que se entienda y se aprecie menos que la palabra *justicia*. Sin embargo, dentro de ella está englobado todo lo que ha anhelado siempre la humanidad.

Aquello a lo que la justicia da respuesta para el hombre es la semilla de todas las religiones humanas. Tanto las prácticas externas del paganismo como la religión filosófica interior de nuestros días son resultado de la búsqueda del hombre de las cosas que proporciona la justicia.

La justicia le restaura al hombre todo lo que se perdió en la caída. Revisemos algunas de las muchas cosas que la justicia nos da como está revelado en la obra acabada de Cristo.

NUESTRA POSICIÓN QUEDA RESTAURADA

La justicia llega a nosotros en la nueva creación y restaura nuestra posición ante Dios. Se lleva la antigua conciencia de pecado que merma y roba nuestra iniciativa espiritual, así como nuestra confianza y seguridad en presencia de Él. Restaura al hombre una posición ante el Padre sobre la misma base que Jesús tuvo en su periodo en la tierra.

Recuerde la intrepidez de Jesús en presencia del Padre, y cuando estuvo ante Satanás. Él sabía que tenía un derecho legal en la presencia del Padre. Sabía que era Señor sobre Satanás y sobre todas las fuerzas del infierno. Recuerde la audacia que tuvo durante la tormenta y la absoluta autoridad que mostró sobre las leyes de la naturaleza.

Incluso en presencia de un gran número de personas que dudaban, Jesús no tuvo miedo de decirle a un hombre muerto: *"Lázaro, sal fuera"* (Juan 11:43). Él no tenía sentimiento de inferioridad en presencia de la muerte, ni sensación de inferioridad en presencia de la enfermedad. No tenía miedo de hablarle al mutilado y ordenarle que fuera sano.

La justicia es algo que nos hace enseñorearnos.

LA COMUNIÓN QUEDA RESTAURADA

La justicia le restaura al hombre su comunión perdida.

Vemos esa comunión ilustrada en la vida de Jesús. Él se acercaba al Padre en libertad. Se dirigía al Padre de forma tan familiar y sencilla como un niño se acerca a su padre. Jesús disfrutaba de una comunión única. No había sentimiento de culpabilidad ni sentimiento de pecado, y ningún sentimiento de condenación en su espíritu.

Nuestros corazones se preguntan hoy: "¿Puede Dios restaurar al hombre tal justicia?". Yo creo que sí puede. Creo que la obra terminada de Cristo nos lo garantiza.

Jesús no tenía ninguna sensación de carencia. Cuando necesitó dinero para pagar sus impuestos, le dijo a Pedro que fuera y pescara un pez y que encontraría el dinero para pagar los impuestos en su boca. (Véase Mateo 17:24–27).

Cuando alimentó a las multitudes, le dieron cinco panes y tres peces pequeños. Él bendijo el pan y lo partió. La multitud fue alimentada, y se recogieron doce cestas de lo que sobró. (Véase Juan 6:1–14).

Jesús no tenía ninguna sensación de falta de dinero. No tenía ninguna sensación de falta de amor ni de conocimiento o capacidad en ningún sentido.

Sobre todo, Él no tuvo ningún sentimiento de conciencia de pecado, ni complejo de inferioridad. La justicia que Jesús tenía le dio la comunión más dulce y perfecta con su Padre.

LA FE QUEDA RESTAURADA

La justicia le restaura al hombre su fe perdida.

Para ver esto en acción, vaya a una universidad o una conferencia, y verá a gente que se reúne para oír a hombres y mujeres hablar sobre cómo tener fe en usted mismo, para que pueda convertirse en amo de otros que no tienen fe en sí mismos.

Jesús creía en su Padre. Creía en Él mismo, y creía en su misión.

Si quiere ver prueba de la necesidad de tener un sentimiento de la justicia restaurado, sólo tiene que asistir a alguna de nuestras iglesias, donde verá la falta de fe de muchos en el gran cuerpo del cristianismo. Son como el apóstol Tomás, que dijo: *"Si no viere en sus manos la señal de los clavos, y metiere mi dedo en el lugar de los clavos, y metiere mi mano en su costado, no creeré* (Juan 20:25).

La fe de Tomás, como la de muchos cristianos modernos, era una fe "basada en el conocimiento de los sentidos", fe sólo en lo que podemos ver, oír y sentir.

La fe basada en los sentidos es la razón por la cual algunos de los movimientos cristianos modernos, que tienen tanta demostración física, de hecho han retado la fe de tantos. Algunos salen creyendo sólo en lo que pueden experimentar físicamente.

LA PAZ QUEDA RESTAURADA

Sólo cuando se restaura la justicia se puede restaurar la paz.

Restaura nuestra paz con Dios. El individuo es como las multitudes: hirviendo, inquieto, sin paz y sin tranquilidad.

> *Pero los impíos son como el mar en tempestad, que no puede estarse quieto, y sus aguas arrojan cieno y lodo. No hay paz, dijo mi Dios, para los impíos.*
>
> (Isaías 57:20–21)

El sentimiento de carencia, el sentimiento de culpa, el sentimiento de querer y la conciencia de cargas y facturas sin pagar llenan el corazón de ansiedad y desasosiego. La justicia restaura la quietud y el descanso al

La justicia restaura la quietud y el descanso al espíritu.

espíritu. Ya no tenemos temor a las facturas; ya no tenemos temor a las circunstancias. La fe se alza inconscientemente y afrontamos las condiciones más adversas con un sentimiento de superioridad.

Son pocas las cosas que necesita hoy la humanidad tanto como un sentimiento de justicia.

LA LIBERTAD QUEDA RESTAURADA

La justicia no sólo restaura la paz, sino que también le da al hombre aquello que el corazón humano ha procurado desde siempre, y aquello por lo que ha luchado: la libertad.

Creo que la mayor libertad no es la libertad política ni la libertad de la preocupación económica y el descontento físico, sino la libertad de la conciencia de pecado.

La justicia restaura esta libertad, el mismo tipo de libertad que Jesús tenía. Es libertad en Cristo, libertad del temor a Satanás, y libertad del temor al hombre porque ahora confiamos en Dios con todo nuestro corazón. No confiamos en nuestro propio entendimiento. No estamos agobiados y deprimidos por el conocimiento de los sentidos o por nuestras circunstancias. Este es el tipo de libertad que desea la humanidad.

Estamos firmes en la dulce y maravillosa conciencia de que *"mi Padre...es mayor que todo"* (Juan 10:29), y que *"mayor es el que está en vosotros, que el que está en el mundo"* (1 Juan 4:4).

LA POSICIÓN DE HIJO QUEDA RESTAURADA

La justicia nos da la dulce conciencia de los "privilegios de un hijo".

Somos hijos e hijas. Dios es nuestro Padre, y nosotros somos sus hijos. Somos su familia, estamos en su familia, conocemos a nuestro Padre, y Él nos ama y nosotros le amamos a Él.

El Espíritu mismo da testimonio a nuestro espíritu, de que somos hijos de Dios. Y si hijos, también herederos; herederos de Dios y coherederos con Cristo.

(Romanos 8:16–17)

La justicia nos restaura el indescriptible gozo de la comunión con el cielo en términos de igualdad. No somos siervos; no somos pecadores; somos *"herederos de Dios"* y *"coherederos con Cristo".*

Capítulo seis

Cómo Dios nos hizo justos

El hombre caído está descrito en la Escritura como *"sin esperanza, y sin Dios en el mundo"* (Efesios 2:12).

Este era el mayor problema de Dios. ¿Cómo podía legalmente restaurarle al hombre su justicia perdida mientras seguía siendo Él mismo? Los primeros ocho capítulos de Romanos tratan este problema y nos dan la solución.

Sin justicia, el hombre está espiritualmente muerto, es copartícipe de la naturaleza de Satanás. No tiene una posición delante de Dios y está sin ciudadanía o derecho legal al que apelar. Es como un convicto en la cárcel del estado. Está en unión espiritualmente con el enemigo de Dios.

> *Por cuanto los designios de la carne son enemistad contra Dios; porque no se sujetan a la ley de Dios, ni tampoco pueden.*
>
> (Romanos 8:7)

¿Cómo podía Dios reconciliar al hombre con Él—volver a hacer al hombre justo—y restaurar al hombre a una perfecta comunión?

Es algo que sólo el propio Hijo de Dios podía llevar a cabo ocupando el lugar del hombre, cumpliendo así cada demanda de justicia, y bajando al nivel del hombre perdido.

Y todo esto proviene de Dios, quien nos reconcilió consigo mismo por Cristo, y nos dio el ministerio de la reconciliación; que Dios estaba en Cristo reconciliando consigo al mundo, no tomándoles en cuenta a los hombres sus pecados, y nos encargó a nosotros la palabra de la reconciliación. Así que, somos embajadores en nombre de Cristo, como si Dios rogase por medio de nosotros; os rogamos en nombre de Cristo: Reconciliaos con Dios. Al que no conoció pecado, por nosotros lo hizo pecado, para que nosotros fuésemos hechos justicia de Dios en él. (2 Corintios 5:18–21)

Eso es lo que hizo Jesús, y tras suplir perfectamente las demandas de la justicia, fue justificado en espíritu. Y no sólo fue justificado en espíritu, sino que también fue regenerado.

La cual Dios ha cumplido a los hijos de ellos, a nosotros, resucitando a Jesús; como está escrito también en el salmo segundo: Mi hijo eres tú, yo te he engendrado hoy.
(Hechos 13:33)

Cuando Jesús fue declarado justo, justificado y hecho vivo, fue restaurado a una perfecta comunión con el Padre. Tras ser restaurado con esta perfecta comunión con el Padre y poder entrar en el cielo como si nunca hubiera sido hecho pecado, se sentó a la diestra de la Majestad en las alturas. Había hecho una sustitución perfecta para el hombre. Había hecho posible no sólo que Dios justificara al hombre, sino también que lo regenerase de manera perfecta.

Gracias a esto, el hombre fue reconciliado con Dios. Ahora tiene el derecho legal de tener comunión con el Padre, de estar en su presencia como si nunca hubiera pecado.

HECHO PECADO POR NOSOTROS

Nuestra posición ante Dios está basada en la fe en Jesucristo. En otras palabras, Dios puso sobre Jesús nuestras iniquidades. *"Por nosotros lo hizo pecado"* (2 Corintios 5:21).

Jesús fue más que una ofrenda de pecado. Fue hecho injusto con nuestra injusticia. Fue hecho un sustituto del pecado, llevando nuestros pecados; descendió al lugar de sufrimiento después de dejar su cuerpo y estuvo allí hasta que se satisfizo toda demanda de justicia contra nosotros.

Ocupó nuestro lugar y fue a la prisión donde los pecadores son sentenciados, y sufrió hasta que se quitaron todos los cargos contra nosotros.

Fue la deidad sufriendo por la humanidad, y siendo deidad, además de un ser humano sin pecado, fue capaz de pagar el precio. Cuando se determinó que lo que Dios había hecho en Cristo era suficiente—que sus sufrimientos fueron adecuados y que suplieron todas las demandas de la justicia—, Dios declaró que Jesús fue *"entregado por nuestras transgresiones, y resucitado para nuestra justificación"* (Romanos 4:25).

En 1 Timoteo 3:16, el apóstol Pablo dijo que Jesús fue *"justificado en el Espíritu".* Fue resucitado de la muerte, por lo que es llamado, una y otra vez, *"el primogénito de entre los muertos, para que en todo tenga la preeminencia"* (Colosenses 1:18).

> **Cuando creemos en Cristo como nuestro Salvador, Dios puede declararnos justos sobre la base de lo que hizo Jesús.**

Jesús fue hecho pecado, para sufrir en nuestro lugar. Cuando cumplió las demandas de la justicia, la muerte no pudo retenerlo más. Por tanto, cuando creemos en Cristo como nuestro Salvador, Dios puede declararnos justos sobre la base de lo que hizo Jesús.

Hay dos fases en esta justicia.

Primero, Dios nos declara justos.

Segundo, somos hechos nuevas criaturas.

Nos convertimos en *"participantes de la naturaleza divina"* (2 Pedro 1:4), por lo que somos justos por naturaleza y justos por medio de la fe. Ahora podemos entender lo que quiso decir Pablo cuando dijo: *"Al que no conoció pecado, por nosotros lo hizo pecado"* (2 Corintios 5:21). ¿Por qué? *"para que nosotros fuésemos hechos justicia de Dios en él"* (versículo 5:21).

Tan cierto como que Dios hizo a Jesús pecado, Dios nos hace justos en el momento en que le aceptamos.

Siendo justificados gratuitamente por su gracia, mediante la redención que es en Cristo Jesús. (Romanos 3:24)

Pablo declara que fuimos hechos justos *"gratuitamente por su gracia* [de Dios] *mediante la redención"* que hubo en Cristo Jesús. Él hizo esto *"para manifestar su justicia, a causa de haber pasado por alto, en su paciencia, los pecados pasados"* (versículo 25).

¿Qué quiso decir con esto?

Desde el tiempo de la caída de Adán hasta que Jesús fue colgado en la cruz, Dios había estado permitiéndole al hombre cubrir su pecado con la sangre de carneros y toros.

> *Porque la vida de la carne en la sangre está, y yo os la he dado para hacer expiación sobre el altar por vuestras almas; y la misma sangre hará expiación de la persona.* (Levítico 17:11)

La palabra hebrea para *expiación* significa literalmente "cubrir". Bajo la ley, el pecado no se eliminaba, ni se limpiaba; tan sólo se cubría con la sangre de toros y carneros.

Cuando Jesús habló de su sangre, sin embargo, usó una palabra diferente. *"Porque esto es mi sangre del nuevo pacto, que por muchos es derramada para remisión de los pecados"* (Mateo 26:28). *Remitir* es "dejar de lado" o "liberar de la culpa o castigo". Por tanto, la sangre de Cristo no cubre, ¡sino que elimina, libera y limpia!

Ahora, por la fe, podemos tener a Cristo como nuestro Salvador y Señor, y cuando lo hacemos, nos convertimos en *"la justicia de Dios en él"* (2 Corintios 5:21). Somos *"justificados gratuitamente por su gracia"* (Romanos 3:24), para que podamos tener paz en este momento, en esta vida.

> *Justificados, pues, por la fe, tenemos paz para con Dios por medio de nuestro Señor Jesucristo.* (Romanos 5:1)

Habiendo sido declarados justos, habiendo sido restaurada esta comunión que había estado rota durante los siglos, la *"paz de Dios que sobrepasa todo entendimiento"* (Filipenses 4:7) inunda nuestro ser. Ahora, podemos estar en la presencia de Dios sin ninguna conciencia de pecado y sin ningún temor, porque *"como él es, así somos nosotros en este mundo"* (1 Juan 4:17).

Jesucristo es justo. Él mismo nos ha declarado justos y nos ha hecho justos. Este es el fundamento sobre el que crece nuestra fe.

> **Jesucristo es justo. Él mismo nos ha declarado justos y nos ha hecho justos.**

Cuando sabemos esto como la Palabra de Dios lo enseña, podemos entrar en la presencia del Padre sin ningún desafío o pregunta en nuestra mente.

Sabemos que *"no hay condenación para los que están en Cristo Jesús"* (Romanos 8:1).

El hecho de que Jesús pudiera dejar la morada de los perdidos e ir directamente a la presencia del Padre es la prueba de que el pecador más vil puede hacer lo mismo a través de Cristo nuestro Señor. No establece ninguna diferencia el hecho de lo malvado que sea un hombre. Si recibe a Cristo como su Salvador y le confiesa como Señor, Dios hace de él una nueva criatura. Tal hombre se convierte entonces en la justicia de Dios en Cristo. La justicia se convierte en una realidad viva en él.

En el huerto del Edén, Adán tenía una comunión perfecta con Dios. Ninguna obra que Dios pudiera hacer por el hombre sería perfecta a menos que le devolviera al hombre la justicia que había perdido: su privilegio perdido de comunión y su dominio perdido. Esa justicia y comunión perdidas son restauradas en la nueva creación.

En el momento en que se restaura su justicia, su dominio perdido también se restaura al usar el nombre de Jesús.

En aquel día no me preguntaréis nada. De cierto, de cierto os digo, que todo cuanto pidiereis al Padre en mi nombre, os lo dará.
(Juan 16:23)

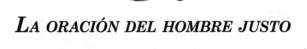

LA ORACIÓN DEL HOMBRE JUSTO

Usted es hecho un hombre justo.

La oración eficaz del justo puede mucho.
(Santiago 5:16)

"A Abraham le fue contada la fe por justicia" (Romanos 4:9). Usted ha sido *hecho* justo al

recibir la naturaleza del Padre. No hay límite a su vida de oración. Tiene en su interior todos los elementos necesarios para hacerle todo lo que el Padre soñó que sería en Cristo.

Atrévase a orar; atrévase a usar el nombre de Jesús; atrévase a ocupar su lugar. Sea tan intrépido como el Maestro lo fue al tratar con Satanás y con la enfermedad, porque usted tiene su nombre y su capacidad, y ahora Él es su sabiduría y la fuerza de su vida.

El secreto de la victoria es actuar sin temor y confesar valientemente, porque ahora es a usted a quien teme Satanás.

Usted es justo.

Capítulo siete

Dios mismo es nuestra justicia

Este tema de la justicia debe de ser más profundo de lo que muchos de nosotros nos hemos dado cuenta. Sabemos que es la clave de la revelación que recibió Pablo.

Él dijo que no se avergonzaba del "evangelio", porque no sólo daba salvación a los hombres, sino que *"en el evangelio la justicia de Dios se revela por fe y para fe"* (Romanos 1:17).

Después, en Romanos 3:21–22:

Pero ahora, aparte de la ley, se ha manifestado la justicia de Dios, testificada por la ley y por los profetas; la justicia de Dios por medio de la fe en Jesucristo.

Tras citar el hecho de nuestra redención en Cristo, Pablo hizo esta declaración en el versículo 26: *"con la mira de manifestar en este tiempo su justicia, a fin de que él sea el justo, y el que justifica al que es de la fe de Jesús".*

Dios declara que Él mismo se ha convertido en nuestra justicia. Como dije anteriormente, justicia significa la capacidad de estar en presencia de Dios sin un sentimiento de culpa, condenación o inferioridad. Para que una redención fuera digna de Dios debe lograr eso. El hombre ha sido separado de Dios, y debe ser restaurado.

Detrás de todo esto está la tragedia de que, cuando el hombre pecó, se separó de la comunión con el Padre. El drama entero de la redención se consuma en esto: el hombre debe ser restaurado a una perfecta comunión con el Padre, y debe hacerse en términos legales.

Cualquier redención que no restaure al hombre a una comunión perfecta y una relación perfecta en términos legales no es digna del Padre, y no elevará al hombre al lugar que Dios ha planeado para él.

> **El objetivo de la justicia es darle al hombre comunión.**

El objetivo de la justicia es darle al hombre comunión. Por esto se produjo la encarnación, el ministerio público de Jesús, y luego la cruz, donde Él fue hecho pecado. En la cruz, Jesús permaneció bajo juicio hasta que fue hecho justo. Cuando fue declarado justo y resucitó, nuestro adversario fue vencido.

Sabemos que Él fue hecho pecado con nuestro pecado. También sabemos que tuvo que ser hecho justo para volver a entrar a la presencia de su Padre tras su resurrección como cabeza de la nueva creación.

Si Él, que había estado espiritualmente muerto y hecho pecado con nuestro pecado, pudo ser hecho justo y restaurado a una comunión perfecta con el Padre, entonces, en términos legales, Dios puede recrearnos y darnos la misma justicia y comunión que disfrutó Jesús.

ALGUNOS HECHOS SOBRE LA JUSTICIA

Romanos 4:25 dice: "[Jesús] *el cual fue entregado por nuestras transgresiones, y resucitado para nuestra justificación*".

Y Romanos 5:1 dice: "*Justificados, pues, por la fe, tenemos paz para con Dios por medio de nuestro Señor Jesucristo*".

Paz es comunión. Esta es la declaración de que cuando Cristo resucitó de la muerte, resucitó porque la justicia había sido anotada en nuestra cuenta.

Cuando aceptamos a Jesucristo como Salvador, su justicia se convierte en una parte de nuestro ser al convertirnos en participantes de su naturaleza divina. Esta naturaleza divina es justicia. Nos hacemos justos con su naturaleza, con su propia justicia.

De modo que si alguno está en Cristo, nueva criatura es; las cosas viejas pasaron; he aquí todas son hechas nuevas. Y todo esto proviene de Dios, quien nos reconcilió consigo mismo por Cristo, y nos dio el ministerio de la reconciliación.

(2 Corintios 5:17–18)

La reconciliación conduce a la comunión, porque no puede haber comunión hasta que haya reconciliación. No hay sólo una justicia perfecta, sino también una reconciliación perfecta. Pero mire los siguientes dos versículos.

Y nos dio el ministerio de la reconciliación; que Dios estaba en Cristo reconciliando consigo al mundo, no tomándoles en cuenta a los hombres sus pecados, y nos encargó a nosotros la palabra de la reconciliación.

(2 Corintios 5:18–19)

La reconciliación nos llega a través de la nueva creación. En el momento en que recibimos vida eterna, nuestros espíritus son recreados. Nos convertimos en sus hijos e hijas. Con la nueva creación llegan reconciliación, y justicia, y comunión.

El gozo de la vida cristiana es comunión con el Padre. Cuando estamos en comunión, la fe fluye como un torrente. Cuando estamos fuera de la comunión, la fe se encoje y debilita.

La comunión se mantiene a través de la Palabra y la intercesión de Jesús. Él es nuestro Abogado a la diestra del Padre.

La justicia nos da nuestra posición ante el Padre ahora, nuestro derecho a usar el nombre de Jesús ahora, nuestra posición como hijos e hijas, y nuestra victoria sobre el adversario.

El creyente debería continuamente dar testimonio y confesar su justicia y su comunión en Cristo.

Capítulo ocho

La justicia es legalmente nuestra

Al que no conoció pecado, por nosotros lo hizo pecado, para que nosotros fuésemos hechos justicia de Dios en él.

(2 Corintios 5:21)

Dios hizo a Jesús pecado. El pecado no sólo le fue contado, sino que su espíritu fue hecho pecado.

Jesús murió dos veces en la cruz. Murió espiritualmente en el momento en que Dios colocó el pecado sobre Él: *"por nosotros lo hizo pecado"*. Él murió físicamente horas después.

Después de morir en el espíritu, fue *"justificado en el Espíritu"* (1 Timoteo 3:16) and *"vivificado en Espíritu"* (1 Pedro 3:18). Tan pronto como fue justificado, esa justificación le pertenecía a todo el mundo, porque Él fue nuestro sustituto.

Romanos 4:25 dice: "[Jesús] *el cual fue entregado por nuestras transgresiones, y resucitado para nuestra justificación"*.

¿Cuando fuimos justificados? Cuando Jesús fue justificado.

53

¿Cuándo fue justificado Jesús? Cuando fue *"vivificado en Espíritu"*.

Esto nos ayuda a entender dos pasajes de la Escritura. Primero está el pasaje en el que Dios dice, hablando de Jesús: *"Mi hijo eres tú, yo te he engendrado hoy"* (Hechos 13:33), y segundo: *"El es la imagen del Dios invisible, el primogénito de toda creación...y él es la cabeza del cuerpo que es la iglesia, él que es el principio, el primogénito de entre los muertos"* (Colosenses 1:15, 18).

Jesús fue la primera persona en ser "nacido de nuevo". Él fue el primogénito, y su nacimiento, de muerte a vida, fue para nosotros.

"Porque somos hechura suya, creados en Cristo Jesús" (Efesios 2:10). ¿Cuándo llevó a cabo esa obra? Lo hizo desde que fue hecho pecado, justificado, resucitado de los muertos y su sangre llevada al Lugar Santísimo celestial, y se sentó a la diestra de Dios. Se sentó porque su obra estaba terminada y la nueva creación era una realidad. Ahora la humanidad podía pasar de muerte a vida y convertirse en la justicia de Dios en Él.

Si Jesús fue hecho justo—y tan justo que, después de ser hecho pecado, pudo salir del infierno, entrar en el cielo a la presencia de su Padre, y sentarse a su diestra—, entonces todo el que acepta a Jesucristo como Salvador, confiesa su señorío y recibe vida eterna se convertirá en alguien tan justo como Jesús.

> *Con la mira de manifestar en este tiempo su justicia* [de Dios], *a fin de que él sea el justo, y el que justifica al que es de la fe de Jesús.* (Romanos 3:26)

Aquí, Pablo declara que Dios mismo se convierte en la justicia del hombre que tiene fe en Jesús como Salvador y le confiesa como su Señor.

Si podemos convertirnos en la justicia de Dios en Cristo—teniendo la capacidad de estar en la presencia del Padre sin condenación y con total libertad—, entonces Dios ha resuelto el problema de la conciencia de pecado.

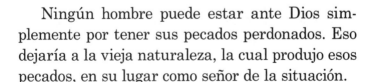

CÓMO TRATA DIOS EL PROBLEMA DEL PECADO

Ningún hombre puede estar ante Dios simplemente por tener sus pecados perdonados. Eso dejaría a la vieja naturaleza, la cual produjo esos pecados, en su lugar como señor de la situación.

> *De modo que si alguno está en Cristo, nueva criatura es; las cosas viejas pasaron; he aquí todas son hechas nuevas.*
> (2 Corintios 5:17)

Cuando un hombre se convierte en hijo de Dios, se convierte en nueva criatura. Él ha sido hecho un nuevo ser. Hay una reconciliación perfecta entre el nuevo creyente y Dios, lo cual no sería posible si el pecado reinara en esta nueva creación.

> **Hay una reconciliación perfecta entre el nuevo creyente y Dios, lo cual no sería posible si el pecado reinara en esta nueva creación.**

Al mismo tiempo, todo lo que el hombre haya hecho en su vida pasada está remitido—limpiado, eliminado—como si nunca hubiera cometido pecado. Es como si su pecado nunca hubiera ocurrido. Dios no se acuerda de ello.

LA NUEVA CREACIÓN

Hemos usado este versículo antes, pero empecemos a desmembrarlo.

De modo que si alguno está en Cristo, nueva criatura es; las cosas viejas pasaron; he aquí todas son hechas nuevas. Y todo esto proviene de Dios, quien nos reconcilió consigo mismo por Cristo, y nos dio el

ministerio de la reconciliación.
(2 Corintios 5:17–18)

Note primero: *"De modo que si alguno está en Cristo".* La expresión *"en Cristo"* significa que cuando un hombre nace de nuevo, entra en Cristo. Como el pámpano está unido a la vid, así el creyente está unido a Cristo.

Porque si fuimos plantados juntamente con él en la semejanza de su muerte, así también lo seremos en la de su resurrección.
(Romanos 6:5)

Es nuestra unión con Cristo. Esa unión significa que estamos en Él.

El pasaje continua: *"nueva criatura es".* El problema de la humanidad no es que los pecados sean perdonados, ni es un problema de no haberse arrepentido lo suficiente. Es un problema de necesitar un nuevo nacimiento.

El hombre natural no tiene a Dios, ni esperanza; está espiritualmente muerto, es hijo del adversario, y por naturaleza, es un hijo de ira. Cuando acepta a Jesucristo como su Salvador y le confiesa como Señor, al instante es recreado al recibir la vida eterna: la naturaleza de Dios.

Yo he venido para que tengan vida, y para que la tengan en abundancia. (Juan 10:10)

El que oye mi palabra, y cree al que me envió, tiene vida eterna; y no vendrá a condenación, mas ha pasado de muerte a vida.

(Juan 5:24)

El que tiene al Hijo, tiene la vida; el que no tiene al Hijo de Dios no tiene la vida. Estas cosas os he escrito a vosotros que creéis en el nombre del Hijo de Dios, para que sepáis que tenéis vida eterna, y para que creáis en el nombre del Hijo de Dios.

(1 Juan 5:12–13)

Esto no es la *esperanza* de la vida eterna. Es *recibir* la vida eterna: la naturaleza de Dios. Cuando usted recibe esta naturaleza, vence a su vieja naturaleza satánica. No puede ser gobernado por dos naturalezas al mismo tiempo. Si lo fuera, pertenecería a dos familias al mismo tiempo. Dios sería su Padre y Satanás sería su padre. Cuando usted muriese, tendría que ir a ambos sitios: al cielo y al infierno.

Quiero que vea claramente que esta nueva creación, que se ha convertido en participante de la naturaleza divina, ha pasado del domino satánico al domino de Jesucristo.

Porque en Cristo Jesús ni la circuncisión vale nada, ni la incircuncisión, sino una nueva creación. (Gálatas 6:15)

*Porque por gracia sois salvos por medio de
la fe; y esto no de vosotros, pues es don de
Dios; no por obras, para que nadie se gloríe.* (Efesios 2:8–9)

Lo que un hombre inconverso hace al arre-
pentirse, al dejar el pecado o en penitencia, es la
obra de un hombre no regenerado. No tiene una
posición correcta ante Dios. Dios toma al pecador
como es, sin importar lo profundo que sea su pecado, y el nuevo nacimiento lo enmendará.

Algunos enseñan que aunque un pecador pudiera orar para quitar su pecado, se podría arre-
pentir hasta el punto de que Dios le perdonara.
Eso no es bíblico. Era la única manera en el antiguo pacto para un judío bajo la ley, pero no en el
nuevo pacto para un pecador bajo la gracia.

El pecador está muerto. El *es* pecado, y cualquier buena obra que haga será obra del pecado.
Dios no la quiere.

Dios le toma tal como está (lleno de pecado, rebel-
día y naturaleza satánica), y le imparte su naturaleza.
Su naturaleza toma la na-
turaleza sucia y engañosa
de Satanás y le hace una
nueva criatura. Todos los

Esta nueva creación está ante el Padre como si nunca hubiera habido pecado.

pecados de esa antigua creación son remitidos
instantáneamente.

Esta nueva creación está ante el Padre como si nunca hubiera habido pecado.

El siguiente paso en el drama es el meollo de todo.

Al que no conoció pecado, por nosotros lo hizo pecado, para que nosotros fuésemos hechos justicia de Dios en él.

(2 Corintios 5:21)

Todo lo que Dios hizo al enviar a Jesús a morir en la cruz en nuestro lugar lo hizo con un fin: que la humanidad pudiera convertirse en la justicia de Dios en Cristo y estar en presencia del Padre como si nunca hubiera pecado, tan libre como Adán lo era antes de pecar.

Así que, si el Hijo os libertare, seréis verdaderamente libres. (Juan 8:36)

En la nueva creación, el Hijo nos ha hecho libres.

Ahora, pues, ninguna condenación hay para los que están en Cristo Jesús.

(Romanos 8:1)

Somos nuevas criaturas. Somos la justicia de Dios en Cristo. Hemos sido aceptados, somos hijos de Dios. La nueva tipo de justicia que Pablo describió es la de un hombre a quien Dios ha hecho justo impartiendo en él su naturaleza. Cuando el escritor de Hebreos dijo: *"Mas el justo vivirá por fe"* (Hebreos 10:38), estaba describiendo una nueva creación que ha sido hecha justa con la propia naturaleza de Dios. Esta no es ni una justicia legal ni una justicia asociada, sino la verdadera impartición de la propia naturaleza justa de Dios.

Capítulo nueve

La justicia restaurada

El hombre siempre ha intentado deshacerse de su sentimiento de culpa y de pecado. La conciencia de pecado nació en la caída. Se manifestó por medio del temor de Adán a reunirse con Dios en su deseo de cubrir su desnudez.

La revelación de Dios, y el desarrollo de esa revelación, ha tenido un fin: restaurar al hombre la justicia.

Además de la capacidad de estar en la presencia de Dios sin un sentimiento de pecado, culpa o inferioridad, la justicia es también el proceso de ser legalmente restaurado a la relación de un hijo o hija y disfrutar de la comunión con el Padre.

La conciencia de pecado le ha robado al hombre su fe y le ha llenado de un sentimiento de indignidad que domina la conciencia humana hoy día.

Ahora bien, la pregunta es esta: ¿Ha provisto Dios una redención que quitará esta conciencia de pecado y permitirá al hombre volver a entrar en presencia de Él y permanecer ahí, como lo hizo Jesús?

Si Dios pudiera hacer eso, entonces la fe quedaría restaurada, porque el gran enemigo de la fe es el sentimiento de indignidad.

La teología ha fallado en su intento de interpretar el plan de la redención de tal forma que elimine la conciencia de pecado de las mentes de los que aceptan a Cristo. De hecho, muchos de los ministros clasificados entre los ortodoxos continuamente predican del pecado en lugar de hacerlo de la justicia. Al hacer eso, mantienen a sus congregaciones bajo condenación en vez de guiarles a la libertad, donde puede funcionar la fe.

He llegado a ver que la base de la verdadera fe es hacer que los cristianos sean conscientes de que la justicia ha sido restaurada.

En Job 33:26 hay una profecía muy interesante. Es un retrato del nuevo nacimiento.

Orará a Dios, y éste le amará, y verá su faz con júbilo; Y restaurará al hombre su justicia.

Hay aquí tres hechos. Primero, el hombre ora, y Dios oye esa oración.

Segundo, *"verá su faz con júbilo"*—se restaura la comunión.

Tercero, *"restaurará al hombre su justicia"*.

En estas tres frases vemos el resultado de la redención completa.

El libro de Romanos es una historia de cómo Dios nos restauró la justicia sobre la base de la fe en Jesucristo. Es el gran drama de la humanidad.

En Romanos 1:16–17, Pablo declaró:

Porque no me avergüenzo del evangelio, porque es poder de Dios para salvación a todo aquel que cree; al judío primeramente, y también al griego. Porque en el evangelio la justicia de Dios se revela por fe y para fe, como está escrito: Mas el justo por la fe vivirá.

Esta *"justicia que Dios reveló"* es la justicia que el creyente recibe en Cristo.

En los tres primeros capítulos de Romanos, hasta el versículo dieciocho del tercer capítulo, Pablo está mostrando cómo tanto judíos como gentiles no han obtenido una justicia que les diera una buena relación con Dios.

Pablo termina el argumento en Romanos 3:9–18 con catorce cargos en la gran acusación contra el hombre. En el primer cargo, dice: *"No hay justo, ni aun uno"* (versículo 10). En otras palabras, ningún hombre tiene una buena relación con Dios fuera de Cristo. Estos catorce cargos, sin embargo, son en contra del hombre no regenerado, y no del cristiano.

> **Ningún hombre tiene una buena relación con Dios fuera de Cristo.**

En los siguientes versículos, resumió el caso. Mostró que los judíos bajo la ley no habían obtenido justicia ante Dios.

Pero sabemos que todo lo que la ley dice, lo dice a los que están bajo la ley, para que toda boca se cierre y todo el mundo quede bajo el juicio de Dios; ya que por las obras de la ley ningún ser humano será justificado delante de él; porque por medio de la ley es el conocimiento del pecado.

(Romanos 3:9–20)

Después, tenemos la declaración de Pablo de cómo al hombre le ha sido restaurada la justicia en términos legales: *"Pero ahora, aparte de la ley, se ha manifestado la justicia de Dios, testificada por la ley y por los profetas"* (Romanos 3:21).

Note la expresión "aparte de la ley". Independiente de la ley, ha sido manifestada una justicia de Dios, y la ley, al igual que los profetas, testifican de su validez.

Pablo dijo:

La justicia de Dios por medio de la fe en Jesucristo, para todos los que creen en él. Porque no hay diferencia, por cuanto todos pecaron, y están destituidos de la gloria de Dios, siendo justificados gratuitamente por su gracia, mediante la redención que es en Cristo Jesús.

(Romanos 3:22–24)

Romanos 3:26 dice: *"Con la mira de manifestar en este tiempo su justicia, a fin de que él sea el justo, y el que justifica al que es de la fe de Jesús".*

Dios no tiene miedo de convertirse en la justicia del hombre que tiene fe en Jesús, porque Él planeó esa redención. Es la fe en su propio Hijo y lo que ese Hijo ha hecho por el hombre. Dios no se avergüenza de convertirse en la justicia de la nueva creación. Si hay algo que debiera liberarnos y elevarnos por encima del antiguo amo, la conciencia de pecado, es este hecho.

En 1 Corintios 1:30 Jesús es declarado nuestra justicia.

Mas por él estáis vosotros en Cristo Jesús, el cual nos ha sido hecho por Dios sabiduría, justificación, santificación y redención.

Y otra vez, en 2 Corintios 5:21, por medio del nuevo nacimiento, Dios nos hace su justicia en Cristo.

Al que no conoció pecado, por nosotros lo hizo pecado, para que nosotros fuésemos hechos justicia de Dios en él.

Ningún hombre que haya recibido vida eterna y le haya dado a su espíritu una oportunidad de desarrollarse alimentándose de la Palabra puede ver desafiada su posición ante el Padre. Ya no tendrá jamás que hundirse bajo esa enseñanza de pecado del púlpito moderno y verse a sí mismo como un fracaso, o como gobernado por el pecado.

> **Por medio de su nuevo nacimiento, la humanidad tiene tanto derecho a estar ante el trono de la gracia como Jesús lo tiene de sentarse en él.**

Por medio de su nuevo nacimiento, la humanidad tiene tanto derecho a estar ante el trono de la gracia como Jesús lo tiene de sentarse en él. Tiene tanto derecho a estar en la presencia del Padre como el Padre lo tiene de sentarse en su propio trono.

¿Por qué? Porque el Padre mismo planeó la redención y trajo la redención a través de su Hijo, y puso su sello sobre esa obra redentora haciendo al creyente en Cristo Jesús justo con su propia justicia.

Capítulo diez

El redescubrimiento de las Epístolas de Pablo

Parece existir un interés renovado por las Epístolas del apóstol Pablo. Son una revelación del doble descubrimiento de la redención: el lado legal y el vital del poderoso plan de Dios.

Revelan el cumplimiento de la profecía en Job 33:26: *"Y restaurará al hombre su justicia"*.

LA RECUPERACIÓN DE LA JUSTICIA

Primero, es una recuperación legal.

El tema principal de estas Epístolas es la nueva justicia en contraste con la antigua justicia bajo la ley.

Una es por obras; la otra es por gracia. Una era una justicia limitada; la otra es una justicia ilimitada. Una le dio al hombre el estatus de siervo; la otra le dio al hombre el estatus de hijo.

Esta nueva justicia fue *"el misterio que había estado oculto desde los siglos y edades"*

(Colosenses 1:26), revelado por Dios al hombre a través de Pablo.

Es la revelación de un nuevo tipo de comunión basado en términos legales.

En el huerto del Edén, el hombre perdió su comunión con Dios. La comunión es el sueño final de Dios para el hombre.

> *Fiel es Dios, por el cual fuisteis llamados a la comunión con su Hijo Jesucristo nuestro Señor.* (1 Corintios 1:9)

Nuestra comunión es con el Padre y con el Hijo.

LA NUEVA TIPO DE AMOR

Las Epístolas también hablan de la revelación de una nueva tipo de amor.

El amor natural y humano ha fallado. Es la tragedia de la raza humana. El amor es lo mejor que el hombre natural tiene, pero se convierte fácilmente en celos, amargura, odio y a veces asesinato.

La nueva tipo de amor nunca es egoísta y nunca busca lo suyo. (Véase 1 Corintios 13:5). Procede del corazón del Padre, quien es amor.

Esta nueva tipo de amor es la cosa más grande que jamás haya recibido el hombre. Es la solución al problema humano. No es sólo una revelación de estas cosas poderosas, sino también una revelación de una nueva tipo de vida.

Jesús dijo: *"Yo he venido para que tengan vida"* (Juan 10:10).

La nueva creación está recibiendo la naturaleza y la vida de Dios. Convierte al hombre en hijo de Dios. Hace que el hombre sea uno con Cristo y uno con el Padre.

Es el elemento sobresaliente del cristianismo, el mayor milagro de todos los tiempos.

> *La nueva creación está recibiendo la naturaleza y la vida de Dios. Convierte al hombre en hijo de Dios.*

UN NUEVO PACTO

Al antiguo pacto, con sus ofrendas, sacrificios y leyes, fue cumplido y dejado a un lado.

El nuevo pacto se instituyó con el sacrificio de Jesucristo. Él se convirtió en el Sumo Sacerdote, y nosotros después nos convertimos en sacerdotes de este nuevo pacto.

Es el pacto que ata al creyente a Cristo, y a Cristo al creyente, donde Jesús mismo es la garantía.

Es el advenimiento de una nueva sabiduría. Cristo *"nos ha sido hecho por Dios sabiduría"* (1 Corintios 1:30). Es la sabiduría que viene del cielo. Es la capacidad de entender el conocimiento revelado.

La sabiduría es el fruto del espíritu humano. Este nuevo tipo de sabiduría es el fruto del espíritu humano recreado y que mora en nosotros. Es la revelación del señorío de Jesús, así como el señorío del amor y el señorío de la Palabra.

Todos ellos significan prácticamente lo mismo. Es la revelación de un nuevo tipo de fe: de un caminar de fe y una vida de fe. Es la revelación del actual ministerio de Cristo a la diestra del Padre.

Es la revelación de la iglesia como el cuerpo de Cristo. Es la revelación de la obra de Cristo desde la cruz hasta el trono. Es la revelación de su ministerio presente a la diestra de Dios para el creyente.

Capítulo once

El verdadero concepto de Dios

La conciencia de pecado nos ha dado una imagen errónea de Dios y una imagen errónea de la nueva creación. Nos ha hecho ver a Dios como un Ser santo, justo, austero y poco accesible que siempre está atento para descubrir el pecado a fin de condenarnos. Este concepto nos ha hecho estar temerosos y querer alejarnos de Él.

Esta idea es errónea. Nuestro Dios es un Dios Padre.

En Juan 14:23 Jesús dijo: *"El que me ama, mi palabra guardará; y mi Padre le amará, y vendremos a él, y haremos morada con él"*.

Dios desea vivir con nosotros.

Pues el Padre mismo os ama. (Juan 16:27)

Para que el mundo conozca que tú me enviaste, y que los has amado a ellos como también a mí me has amado. (Juan 17:23)

Esto es un total rechazo del Dios de condenación.

Muchos de nosotros nunca nos hemos visto como verdaderos hijos e hijas de Dios. Cuando le vemos como un Padre amoroso y tierno que anhela tener comunión y vivir con nosotros, toda nuestra imagen de Él cambia.

El hijo de Dios no es sólo recreado y nacido del Espíritu de Dios, sino que también pasa a ser un heredero legalmente adoptado.

> *Pues no habéis recibido el espíritu de esclavitud para estar otra vez en temor, sino que habéis recibido el espíritu de adopción, por el cual clamamos: ¡Abba, Padre!*
>
> (Romanos 8:15)

El creyente tiene una doble relación: una relación legal y una relación vital con el Dios Padre.

La Palabra declara que somos nuevas criaturas, que las cosas viejas conectadas con la naturaleza caída han pasado. Las cosas viejas como la duda, el temor y la esclavitud a la enfermedad y la carencia han pasado.

> *Porque si fuimos plantados juntamente con él en la semejanza de su muerte, así también lo seremos en la de su resurrección; sabiendo esto, que nuestro viejo hombre fue crucificado juntamente con él, para que el cuerpo del pecado sea destruido, a fin de que no sirvamos más al pecado. Porque el que ha muerto, ha sido justificado del pecado. Y si morimos con Cristo, creemos*

que también viviremos con él; sabiendo que Cristo, habiendo resucitado de los muertos, ya no muere; la muerte no se enseñorea más de él. Porque en cuanto murió, al pecado murió una vez por todas; mas en cuanto vive, para Dios vive. Así también vosotros consideraos muertos al pecado, pero vivos para Dios en Cristo Jesús, Señor nuestro.

(Romanos 6:5–11)

La nueva creación está completa en Cristo, y es cuidada y amada a la perfección.

Ante versículos tan grandes como 2 Corintios 5:21, deberíamos repudiar cada pensamiento de debilidad y conciencia de pecado, elevarnos al nivel de nuestro lugar en Cristo, y declarar nuestra libertad.

Al que no conoció pecado, por nosotros lo hizo pecado, para que nosotros fuésemos hechos justicia de Dios en él.

Nos hemos convertido en la justicia de Dios en Él, pero hemos estado viviendo como esclavos cuando debiéramos reinar como reyes. Nos rendimos sin pelear cuando oímos al adversario acusarnos de nuestra incompetencia para estar en la presencia de Dios.

Cada vez que confesamos nuestra debilidad, rechazamos la obra terminada de Cristo y menospreciamos nuestra nueva posición en Cristo. *"Todo lo puedo en Cristo que me fortalece"* (Filipenses 4:13).

La mente debe satisfacerse completamente con la evidencia de una nueva creación, una redención del dominio de Satanás, y una emancipación del pecado. Esto podemos recibirlo sólo a través de la Palabra. Los versículos en este estudio zanjan por completo este asunto.

> **En el momento en que sabemos que estamos en Cristo, nuestro "problema con el pecado" deja de ser un impedimento para nuestra relación con el Padre.**

En el momento en que sabemos que estamos en Cristo, nuestro "problema con el pecado" deja de ser un impedimento para nuestra relación con el Padre.

La fe es un problema sólo para aquellos que ignoran sus derechos y privilegios, y su lugar en Cristo.

Hebreos 1:3–4 nos dice que cuando Cristo hizo la gran sustitución, se sentó a la diestra de la Majestad en las alturas.

> *El cual, siendo el resplandor de su gloria, y la imagen misma de su sustancia, y quien sustenta todas las cosas con la palabra de*

su poder, habiendo efectuado la purifica-
ción de nuestros pecados por medio de sí
mismo, se sentó a la diestra de la Majestad
en las alturas, hecho tanto superior a los
ángeles, cuanto heredó más excelente nom-
bre que ellos.

Él no podría haber sido aceptado por el Padre
y haber recibido el asiento a la diestra del Padre
a menos que hubiera hecho posible la nueva creación, una comunión perfecta, y un estatus perfecto ante el Padre para todos los que creen en Él.

Hebreos 9:11–12 nos dice que Cristo llevó su
sangre al Lugar Santísimo celestial y efectuó una
redención eterna.

Pero estando ya presente Cristo, sumo sa-
cerdote de los bienes venideros, por el más
amplio y más perfecto tabernáculo, no he-
cho de manos, es decir, no de esta creación,
y no por sangre de machos cabríos ni de be-
cerros, sino por su propia sangre, entró una
vez para siempre en el Lugar Santísimo,
habiendo obtenido eterna redención.

Si se ha hecho esto, entonces nuestra redención es algo terminado y completo.

Dios declara que así es.

El dominio de Satanás sobre nosotros ha que-
dado roto.

Hebreos 9:24–26 declara que Él está en la presencia del Padre por nosotros, tras poner a un lado el pecado por el sacrificio de sí mismo.

Porque no entró Cristo en el santuario hecho de mano, figura del verdadero, sino en el cielo mismo para presentarse ahora por nosotros ante Dios; y no para ofrecerse muchas veces, como entra el sumo sacerdote en el Lugar Santísimo cada año con sangre ajena. De otra manera le hubiera sido necesario padecer muchas veces desde el principio del mundo; pero ahora, en la consumación de los siglos, se presentó una vez para siempre por el sacrificio de sí mismo para quitar de en medio el pecado.

Hebreos 7:25 dice: *"Por lo cual puede también salvar perpetuamente a los que por él se acercan a Dios, viviendo siempre para interceder por ellos"*.

La palabra *salvar* también significa "sanar". En la mente de Él, no hay incurables.

Él termina todo esto declarando que hizo un sacrificio por los pecados para siempre, para que el hombre que le acepte como su Salvador se convierta en hijo de Dios.

Como hijo suyo, el hombre se convierte en la justicia de Dios en Cristo.

Ahora podemos acercarnos al Padre en cualquier momento o lugar con la certeza de que tenemos audiencia.

La fe ha dejado de ser un problema. El pecado ha dejado de ser un problema. La justicia ha dejado de ser un problema. El hecho de ser su hijo ha dejado de ser un problema.

Ahora en Cristo somos nuevas criaturas, hijos de Dios. *"Amados, ahora somos hijos de Dios"* (1 Juan 3:2).

No somos hijos problemáticos. Somos hijos amados por el Padre y equipados con su capacidad.

Capítulo doce

La comunión por medio de la justicia

Fiel es Dios, por el cual fuisteis llamados a la comunión con su Hijo Jesucristo nuestro Señor. (1 Corintios 1:9)

Cree usted que el Padre nos llamaría a tener comunión con su Hijo si no fuéramos justos? ¿Cree que el apóstol Juan habría escrito lo siguiente bajo la dirección del Espíritu Santo si no fuéramos justos?

Lo que era desde el principio, lo que hemos oído, lo que hemos visto con nuestros ojos, lo que hemos contemplado, y palparon nuestras manos tocante al Verbo de vida (porque la vida fue manifestada, y la hemos visto, y testificamos, y os anunciamos la vida eterna, la cual estaba con el Padre, y se nos manifestó). (1 Juan 1:1–2)

"Esa vida eterna" fue Jesús. Ahora podemos entender lo que esto significa. *"El que tiene al Hijo, tiene la vida"* (1 Juan 5:12). Jesús es esa vida eterna que fue manifestada.

Preste atención al siguiente versículo: *"Lo que hemos visto y oído, eso os anunciamos"* (1 Juan 1:3).

81

¿Por qué? *"Para que también vosotros tengáis comunión con nosotros; y nuestra comunión verdaderamente es con el Padre, y con su Hijo Jesucristo"* (versículo 3).

No somos llamados solamente a tener comunión con el Hijo, sino que también somos llamados a tener comunión con el Padre. La palabra *comunión* se refiere a un estado de dichosa armonía donde nuestros espíritus y el Espíritu Santo están en acuerdo perfecto.

Ahora bien, estamos asumiendo las responsabilidades de hijos e hijas. Llevamos las cargas del Maestro en su lugar. Estamos teniendo comunión con Él, y llevando sus cargas.

Nuestra comunión es múltiple. Tenemos comunión con el Padre, comunión con el Hijo, comunión con el Espíritu Santo, comunión con la Palabra, y también tenemos comunión unos con otros.

No obstante, quizá lo más vital es nuestra comunión con la Palabra. Tenemos esta revelación del corazón del Padre de donde alimentarnos.

No sólo de pan vivirá el hombre, sino de toda palabra que sale de la boca de Dios.
(Mateo 4:4)

Diariamente, nos alimentamos y meditamos en la Palabra hasta que otros sienten la presencia y el poder del Dios invisible en nuestras vidas. Con ello, nos enfrentamos a los problemas de la vida sin temor.

> *Y ellos le han vencido por medio de la sangre del Cordero y de la palabra del testimonio de ellos.* (Apocalipsis 12:11)

La *"palabra"* utilizada aquí es la palabra griega *logos*. Juan también usa *logos* para referirse a Jesús: *"En el principio era el Verbo, y el Verbo estaba con Dios, y el Verbo era Dios"* (Juan 1:1).

COMUNIÓN ROTA

> *Si decimos que tenemos comunión con él, y andamos en tinieblas, mentimos, y no practicamos la verdad; pero si andamos en luz, como él está en luz, tenemos comunión unos con otros, y la sangre de Jesucristo su Hijo nos limpia de todo pecado.*
> (1 Juan 1:6–7)

Lo que hace que la iglesia sea el lugar más hermoso del mundo no es el edificio sino las personas que tienen comunión unos con otros y con el Señor Jesús. En el momento en que pecamos contra nuestro hermano, rompemos la comunión con Dios. Cuando rompemos la comunión con Él, entramos en tinieblas, y no hay forma de salir de esas tinieblas hasta que no confesamos nuestros pecados.

Si confesamos nuestros pecados, él es fiel y justo para perdonar nuestros pecados, y limpiarnos de todo mal. (1 Juan 1:9)

Cuando confesamos nuestros pecados al Padre, Él es fiel y justo para perdonarnos.

Si alguien dijera: "Yo no tengo comunión con el Padre. De alguna forma o de otra, la he perdido, pero no he cometido pecado", esa persona es ignorante, o está mintiendo, porque el Padre no retira su comunión de nosotros a menos que hayamos pecado.

Si decimos que no tenemos pecado, nos engañamos a nosotros mismos, y la verdad no está en nosotros. (1 Juan 1:8)

Esto es una referencia a la comunión rota. Ninguna persona debe quedarse en una comunión rota. Actuar sobre 1 Juan 1:9 le restaura la justicia.

Ninguna religión humana, ni filosofía, ni obras que el hombre natural pueda seguir le darán nunca una comunión con el Padre, o justicia, la cual hace posible que pueda estar en la presencia del Padre sin conciencia de pecado.

En otras palabras, ninguna persona puede tener comunión con el Padre y estar libre de la conciencia de pecado a menos que sea una nueva criatura, a menos que se convierta en la justicia de Dios en Cristo. Pero en el instante en que una persona nace de nuevo, se convierte en la justicia de Dios en Cristo. Entonces, tiene comunión con Dios, y puede estar en la presencia del Padre como si nunca hubiera pecado.

La iglesia—su cuerpo—poseyendo la justicia

Según nos escogió en él antes de la fundación del mundo, para que fuésemos santos y sin mancha delante de él, en amor habiéndonos predestinado para ser adoptados hijos suyos. (Efesios 1:4)

Esta es la declaración de Dios de que en esta vida presente, Él planeó que fuéramos santos y sin mancha ante Él; no cuando muramos, sino hoy. Esa santidad y belleza de vida son posibles sólo por la gracia, y no por nosotros mismos. Lo único que hacemos nosotros es recibirlo, aceptarlo con gozo.

Hablando de Cristo y de la iglesia, y usando el matrimonio como una ilustración, Pablo escribió:

85

Maridos, amad a vuestras mujeres, así como Cristo amó a la iglesia, y se entregó a sí mismo por ella, para santificarla, habiéndola purificado en el lavamiento del agua por la palabra, a fin de presentársela a sí mismo, una iglesia gloriosa, que no tuviese mancha ni arruga ni cosa semejante, sino que fuese santa y sin mancha.

(Efesios 5:25–27)

No dijo que la iglesia vaya a ser santificada cuando esté en el cielo, sino que es santificada ahora. No va a ser limpiada por el lavamiento de la Palabra cuando llegue al cielo, sino que es limpiada ahora.

La Palabra trae conocimiento. La ignorancia que existe en la iglesia sobre la Biblia es atroz. La exposición de la Palabra hace hombres espirituales. Les hace estar hambrientos de la Palabra de modo que la estudian por sí solos. La iglesia *"sin mancha ni arruga"* es la iglesia que ha sido limpiada por la Palabra de Dios. La oración no es suficiente, también debe haber la enseñanza de la Palabra. Es el Espíritu el que usa la Palabra para edificar la vida de Cristo en nosotros.

Y a vosotros también, que erais en otro tiempo extraños y enemigos en vuestra mente, haciendo malas obras, ahora os ha reconciliado en su cuerpo de carne,

por medio de la muerte, para presentaros
santos y sin mancha e irreprensibles delan-
te de él. (Colosenses 1:21–22)

Este es un hermoso cuadro del cuerpo recreado de Cristo, reconciliado, santo, sin mancha, sin
reproche, estando ante el Padre, no sólo vestido
de la justicia de Cristo sino también participando
de su justicia. Esta es una fotografía de nuestro
caminar presente en Cristo.

Y renovaos en el espíritu de vuestra mente,
y vestíos del nuevo hombre, creado según
Dios en la justicia y santidad de la ver-
dad. (Efesios 4:23–24)

Esta nueva creación es creada por la justicia. La justicia es la naturaleza de Dios Padre.
Nosotros hemos participado
de esa justicia, esa naturaleza de Dios.

Debemos vestirnos de la
conducta del nuevo hombre
en nuestro diario vivir. Ya
no debemos seguir hablando
como el viejo hombre. El viejo
hombre vivía en fracaso, en
egocentrismo, en avaricia,
en temor. El nuevo hombre
vive en la plenitud del amor.

> **La justicia es la naturaleza de Dios Padre. Nosotros hemos participado de esa justicia, esa naturaleza de Dios.**

Es semejante a Jesús: dominado por el cielo, y por el dulce espíritu del cielo.

La vieja creación y la nueva están tan separadas la una de la otra como Dios y Satanás.

Y el Dios de paz que resucitó de los muertos a nuestro Señor Jesucristo, el gran pastor de las ovejas, por la sangre del pacto eterno, os haga aptos en toda obra buena para que hagáis su voluntad, haciendo él en vosotros lo que es agradable delante de él por Jesucristo; al cual sea la gloria por los siglos de los siglos. Amén.

(Hebreos 13:20–21)

Es el propósito del Cristo resucitado hacernos *"aptos en toda obra buena para que hagáis su voluntad"*. Es cosa suya obrar en nosotros su buena voluntad, hacernos hermosos a los ojos del Padre.

Filipenses 1:6 lleva esto un paso más adelante.

Estando persuadido de esto, que el que comenzó en vosotros la buena obra, la perfeccionará hasta el día de Jesucristo.

Él ha comenzado su buena obra, y la comenzó en el nuevo nacimiento. Ahora está tomando las cosas de Jesús y edificándolas en nosotros. La misma vida de Cristo está siendo edificada en nosotros. Esto se hace por nuestra permanencia en la Palabra, y por el dominio de la Palabra sobre nuestro caminar diario.

La naturaleza del amor debe dominar en nosotros hasta que nuestras palabras se empapen de amor, hasta que todo nuestro espíritu esté inmerso en una solución como si fuera la naturaleza de amor del Padre hasta que experimentemos Filipenses 2:13: *"Porque Dios es el que en vosotros produce así el querer como el hacer, por su buena voluntad"*. Eso es Dios reproduciéndose a sí mismo en nosotros hasta que seamos capaces de caminar, hablar y vivir en su amor.

Mas el Dios de toda gracia, que nos llamó a su gloria eterna en Jesucristo, después que hayáis padecido un poco de tiempo, él mismo os perfeccione, afirme, fortalezca y establezca. (1 Pedro 5:10)

Puede que pasemos por lugares difíciles. Puede que suframos. Es posible que no encontremos mucha felicidad en esta vida, pero aun así puede haber gozo. La felicidad viene de nuestros entornos; el gozo viene de nuestros corazones recreados.

Le tenemos a Él en nuestro corazón. Él nos

> **Es posible que no encontremos mucha felicidad en esta vida, pero aun así puede haber gozo.**

fortalecerá y establecerá hasta que nuestras vidas se conviertan en vidas parecidas a la vida de Jesús.

¿Qué haríamos si imitásemos a Dios? Amaríamos.

Sed, pues, imitadores de Dios como hijos amados. Y andad en amor, como también Cristo nos amó, y se entregó a sí mismo por nosotros, ofrenda y sacrificio a Dios en olor fragante. (Efesios 5:1–2)

Hemos de ofrecernos como un olor, una ofrenda de amor fragante, dulce, para el mundo. Puede que nos critiquen y nos odien, pero hemos de amarles. Caminamos en amor hacia ellos. Hasta que no amemos como Jesús ama, no le representaremos bien.

Este caminar en amor es lo más bonito del mundo. Dios es amor. Nosotros hemos nacido del amor. El amor es la regla y la ley de nuestra vida. Es la fuerza y la belleza de nuestra vida. Al caminar en amor, estamos caminando como Él caminó.

Esta es la justicia de Dios en nosotros. En realidad es nuestra vida en Cristo.

En esto se ha perfeccionado el amor en nosotros, para que tengamos confianza en el día del juicio; pues como él es, así somos nosotros en este mundo. En el amor no hay temor, sino que el perfecto amor echa fuera el temor.   (1 Juan 4:17–18)

No hay temor en el amor. Hemos de vivir en amor. Hemos creído en el amor, sabemos que Él es amor, y sabemos que estamos habitando en amor. Sabemos que el amor está habitando en nosotros.

Este es el secreto de la fe.

Estas revelaciones de los apóstoles Pablo y Juan son una serie de retratos de nosotros que el Padre ha puesto en su álbum. En Él, podemos encontramos completos.

Porque en él habita corporalmente toda la plenitud de la Deidad, y vosotros estáis completos en él, que es la cabeza de todo principado y potestad. (Colosenses 2:9–10)

Así es como nos ve nuestro Padre. Así es como el amor nos ve, tal como le vio a Él. Nos ve como nuevas criaturas de amor, gobernadas por el amor, viviendo en amor y dejando que el amor viva en nosotros.

Todo esto es posible. Todo esto es nuestro.

Capítulo trece

La justicia por medio de la fe

La iglesia no aprecia lo que es, lo que la Palabra declara de ella.

Nos han enseñado que éramos indignos e injustos, que éramos débiles y sin fe, durante tanto tiempo que se ha convertido en una enfermedad crónica. Observamos con temor cualquier mensaje que traiga alivio a menos que sea un mensaje de obras.

Soñamos que si pudiéramos sacrificar algo, u orar la cantidad y el tiempo suficiente, o confesar nuestro pecados con la suficiente profundidad, quizá de alguna manera podríamos ser capaces de enderezar nuestras vidas espirituales.

Todo esto es erróneo.

La justicia viene por medio de la fe. No se obtiene por obras, por arrepentimiento, llorando o clamando, ni viene a través de la súplica.

Sólo viene por medio de la fe.

El hombre siempre ha buscado lograr la justicia a través de las obras. Si pensáramos que podríamos llegar a convertirnos en la justicia de Dios orando un cierto número de horas, lo haríamos. Si nos dijeran que alguien había logrado la justicia confesando todos sus pecados desde su infancia y restituyéndolos, estaríamos dispuestos a hacer el esfuerzo.

Pero la justicia no viene de esta manera.

Viene a través de la fe, no por sus obras sino por la obra de Cristo. No viene por sus lágrimas, sino por las lágrimas de Cristo.

> *Si cada uno de nosotros supiera que tenemos la justicia en nosotros, nos haríamos totalmente independientes de las circunstancias.*

Si cada uno de nosotros supiera que tenemos la justicia en nosotros, nos haríamos totalmente independientes de las circunstancias.

Si fuéramos tan conscientes de ser la justicia de Dios como lo somos de ser débiles e indignos, no estaríamos enfermos por más tiempo; no estaríamos atados a la carencia y la pobreza.

Si fuéramos tan conscientes de nuestra identificación con Jesucristo y nuestra unidad con Él como somos conscientes de nuestra necesidad y dolor físico, nunca experimentaríamos dolor ni volveríamos a mencionar nuestras necesidades.

Esta nueva sensación de justicia, este nuevo hecho de justicia, este nuevo descubrimiento de saber que somos la justicia de Dios en Cristo, nos da un nuevo sentimiento de libertad en Cristo. Destruye totalmente la conciencia de pecado y nuestra conciencia de debilidad y carencia. En su lugar ha llegado la nueva realidad apasionante de Cristo.

Sabemos que Él es nuestra justicia, y que somos la justicia de Dios en Él. Él está con nosotros en toda su capacidad y fuerza, y toda su plenitud y llenura. Ya no nos quedamos petrificados por las circunstancias.

Él nos susurra: *"No temas, porque yo estoy contigo; no desmayes, porque yo soy tu Dios que te esfuerzo; siempre te ayudaré, siempre te sustentaré con la diestra de mi justicia"* (Isaías 41:10).

Él está con nosotros. Él es el Dios de la nueva creación.

Él es nuestra fuerza. Él nos sostiene con su justicia.

No podemos fallar. No podemos seguir atados.

Esto nos da una nueva libertad en oración, un nuevo sentimiento de autoridad como hijos e hijas de Dios para usar el nombre de Jesús, y un nuevo gozo en nuestra comunión con el Padre.

Hay una nueva frescura en la Palabra. Se ha convertido literalmente en su Palabra para nosotros.

Su totalidad atrapa nuestros corazones. Puede que no nos hubiéramos dado cuenta antes, pero el Padre y Jesús nos están hablando. La Palabra es la voz del Padre. Él no está hablando a las multitudes, sino a cada uno de nosotros. Él declara que nos hemos convertido en la justicia de Dios en Él. Sabemos que somos quienes Él dice que somos.

Después llega una nueva sensación de dominio. Estamos entrando en nuestros derechos, nuestros derechos legales en Cristo. Nuestros pasos ahora son firmes, y ya no caminamos en incertidumbre. Ya no tememos lo que pueda traer el día.

Sabemos lo que significa cuando Él dice: *"Hijitos, vosotros sois de Dios, y los habéis vencido"* (1 Juan 4:4).

Sabemos lo que quiere decir cuando dice: *"porque mayor es el que está en vosotros, que el que está en el mundo"* (1 Juan 4:4).

Él nos está hablando.

El sentimiento de dominio, la nueva y extraña dignidad de ser hijos, se pasea por nuestro corazón. Entendemos lo que quiere decir estar bajo las órdenes del cielo. Somos embajadores, estamos revestidos de autoridad del cielo.

Pero quedaos vosotros en la ciudad de Jerusalén, hasta que seáis investidos de poder desde lo alto. (Lucas 24:49)

Ahora entendemos lo que Jesús quiso decir cuando dijo que los demonios y las fuerzas de las tinieblas se nos sujetarían. La debilidad y el temor al fracaso, esos pequeños reinos que antes gobernaban nuestro mundo, han sido subordinados por Jesucristo. Jesús venció a Satanás. Cada fuerza gobernada por Satanás está sometida al nombre de Jesús. Él puso a Satanás y a todas sus obras bajo nuestros pies.

> *Jesús venció a Satanás. Cada fuerza gobernada por Satanás está sometida al nombre de Jesús.*

Ahora sabemos lo que significa redención. Sabemos que nos hemos convertido en *"la plenitud de Aquel que todo lo llena en todo"* (Efesios 1:23).

Sabemos que *"de su plenitud tomamos todos, y gracia sobre gracia"* (Juan 1:16).

Sabemos que hemos recibido *"la abundancia de la gracia y del don de la justicia"* (Romanos 5:17).

Reinamos como reyes en la esfera de la vida a través de Jesucristo.

Empezamos a entender 1 Corintios 12:3: *"y nadie puede llamar a Jesús Señor, sino por el Espíritu Santo"*.

Ahora lo decimos como nuevas criaturas, conscientes de nuestra posición y nuestros derechos. El dominio de Satanás ha sido quebrado. El señorío de Jesús ha comenzado.

No tendremos necesidad porque somos unos con Él. Él es la Vid y nosotros los pámpanos. Somos la porción de la Vid que lleva el fruto.

¡Somos sus labios! ¡Somos sus manos!

Estamos viviendo con Él. Él está viviendo en nosotros, invisible pero real.

Caminamos con Él.

La justicia nos da todo esto.

Capítulo catorce

La justicia bajo los pactos

M e alegré mucho al darme cuenta de los hechos tan poderosos llevados a cabo por hombres que tenían sólo una justicia limitada bajo el antiguo pacto.

Pensé en Abraham. Tras ser circuncidado y entrar bajo el pacto, Dios le dio una justicia limitada. *"Creyó Abraham a Dios y le fue contado por justicia"* (Romanos 4:3). Pensé en su atrevida postura en la presencia de Dios, rogando por Sodoma y Gomorra con una audacia que no tiene parangón en nuestros día. (Véase Génesis 18:22–32).

Pensé en los poderosos hechos de Moisés, quien tenía sólo un lugar de siervo ante Jehová, y sin embargo se atrevió a obedecer a Dios y logró victorias maravillosas para la nación esclava de Israel.

Pensaba en Josué, que se atrevió a obedecer a Jehová y dirigió a la nación hasta la orilla del Jordán cuando estaba a punto de desbordarse.

Entonces Jehová dijo a Josué: Desde este día comenzaré a engrandecerte delante de los ojos de todo Israel, para que entiendan que como estuve con Moisés, así estaré contigo. Tú, pues, mandarás a los sacerdotes que llevan el arca del pacto, diciendo: Cuando hayáis entrado hasta el borde del agua del Jordán, pararéis en el Jordán.

(Josué 3:7–8)

Y sin embargo, este hombre, Josué, sólo tenía una justicia limitada: la justicia de un siervo.

Le vemos haciendo frente a los ejércitos invasores.

Entonces Josué habló...: Sol, detente en Gabaón; y tú, luna, en el valle de Ajalón. Y el sol se detuvo y la luna se paró, hasta que la gente se hubo vengado de sus enemigos.

(Josué 10:12–13)

Ese hombre dominó el universo, y sin embargo tenía sólo una justicia limitada.

Vemos a Elías en la batalla de los dioses en el monte Carmelo, invocando para que descendiera fuego del cielo, trayendo lluvia sobre una tierra golpeada por la sequía. (Véase 2 Reyes 1:10). Él era un señor absoluto de las leyes de la naturaleza, y sin embargo, sólo tenía la posición de un siervo y la justicia limitada de un siervo.

No tendríamos espacio suficiente para hablar de Daniel y los tres jóvenes hebreos (véase Daniel 3:16–18), o de los valientes guerreros de

David. (Véase 2 Samuel 23). Ellos también tenían sólo una justicia limitada, y sin embargo qué obras tan extraordinarias realizaron. Su justicia se les atribuyó sobre la base del valor que Dios puso sobre la sangre de los toros y carneros, sobre lo sagrado de su pacto con Abraham.

Ellos no eran hombre y mujeres recreados como lo somos nosotros.

Eran simplemente siervos bajo una ley que debía dejarse a un lado a fin de que otra tomara su lugar; una ley mejor, basada en un mejor sacrificio de sangre. La característica sobresaliente que compartían fue la obediencia a la voz de Dios.

Él nos ha dado un registro de sus poderosos logros basados en su obediencia al pacto de Abraham.

JUSTICIA ILIMITADA

Una vez rogué llegar a obtener la estimación de Dios de nuestra justicia, de nuestra posición ante el Padre, y de nuestros derechos y privilegios en Cristo en el nuevo pacto.

Lo descubrí en la revelación paulina. Vi que estábamos en la mente del Padre. Vi nuestras posibilidades ilimitadas en el nuevo pacto y en nuestra relación con Él como hijos e hijas.

Jesús era sencillamente el ejemplo, porque dijo: *"De cierto, de cierto os digo: El que en mí cree, las obras que yo hago, él las hará también; y aun mayores hará, porque yo voy al Padre"* (Juan 14:12). Después, nos dio el derecho legal a usar su nombre. En la Gran Comisión, Él definió la capacidad de ese nombre: *"En mi nombre echarán fuera demonios"* (Marcos 16:17). Cuando hizo esa declaración, nos dejó entrar en el secreto de que debíamos dominar sobre Satanás, porque si podemos echar fuera un demonio, podemos echar a todos los demonios. Si tenemos dominio sobre el adversario, tenemos dominio sobre todas sus obras.

> **Jesús nos llama a hacer cosas que Él había hecho: liberar a los hombres de las ataduras de Satanás, sanar a los enfermos y romper el poder de los demonios sobre comunidades y naciones.**

¿Ve el alcance tan ilimitado de esta justicia que nos permite estar en la presencia del Padre sin un sentimiento de culpa o condenación y nos da la capacidad de estar en presencia de Satanás sin un sentimiento de inferioridad?

Cuando Jesús nos dio su Gran Comisión, dijo: *"Toda potestad me es dada en el cielo y en la tierra"* (Mateo 28:18). Eso fue para la iglesia en esta dispensación. Esa autoridad no fue por causa de Jesús sino por la nuestra. Su nombre nos hizo libres de la condenación y del dominio satánico a través de su redención y por nuestra nueva creación. Sobre estas bases, Jesús nos llama a hacer cosas que Él había hecho: liberar a los hombres de las ataduras de Satanás, sanar a los enfermos y romper el poder de los demonios sobre comunidades y naciones.

Sigamos.

Toda potestad me es dada en el cielo y en la tierra. Por tanto, id, y haced discípulos a todas las naciones, bautizándolos en el nombre del Padre, y del Hijo, y del Espíritu Santo; enseñándoles que guarden todas las cosas que os he mandado.

(Mateo 28:8–20)

Con esto, sus seguidores fueron llevados a la escuela de Cristo y les enseñaron las posibilidades de todos nuestros derechos y privilegios en Él: nuestra completa redención de Satanás y nuestro dominio sobre él.

Luego terminó: *"y he aquí yo estoy con vosotros todos los días, hasta el fin del mundo"* (versículo 20).

Podemos ver claramente ahora que debemos tomar el lugar de Jesús y actuar con la autoridad que nos ha sido dada en su nombre. Esa autoridad nos pertenece.

Él dijo: *"Y todo lo que pidiereis al Padre en mi nombre, lo haré, para que el Padre sea glorificado en el Hijo"* (Juan 14:13).

Cuando Adán fue creado, Dios le dio dominio sobre todas las obras de sus manos, pero Adán entregó ese dominio en manos de Satanás y se convirtió en súbdito de Satanás.

En Cristo, ese dominio es restaurado como en la creación. Es restaurado en el nombre de Jesús. Esa autoridad perdida fue investida en Cristo.

En la Gran Comisión, Jesús dijo, en efecto: "Toda autoridad me ha sido dada en el cielo y en la tierra. Por tanto, vayan y usen esa autoridad. Yo les daré el derecho legar para usar mi nombre. Les daré los poderes". Él nos anima a entrar confiadamente en el trono, el trono de la gracia, y a dar a conocer nuestras peticiones.

No debemos acercarnos al trono como esclavos o siervos, sino como hijos e hijas. Somos los esclavos amados de ese señor de los esclavos de amor: Jesús.

Actuamos en su nombre. Estamos tomando su lugar, continuando la obra que Él vino a hacer, actuando con una justicia ilimitada. Estamos tomando nuestro lugar y haciendo un uso completo de nuestros derechos en Cristo.

La iglesia ha tenido un concepto erróneo de su lugar en Cristo y de su dominio. Se ha llenado de temor, ha oído tantas predicaciones sobre el pecado, y la debilidad, y el fracaso que se ha convertido en parte de su misma consciencia. No se ha dado cuenta de lo que Juan quiso decir cuando escribió: *Hijitos, vosotros sois de Dios, y los habéis vencido; porque mayor es el que está en vosotros, que el que está en el mundo"* (1 Juan 4:4).

¿Quién es el que está en nosotros? Dios está en nosotros.

En el siguiente capítulo, Juan escribió:

Porque todo lo que es nacido de Dios vence al mundo; y esta es la victoria que ha vencido al mundo, nuestra fe. ¿Quién es el que vence al mundo, sino el que cree que Jesús es el Hijo de Dios? (1 Juan 5:4–5)

En la mente del Padre, somos amos y vencedores. En el instante en que adquiramos la actitud mental de los victoriosos, en lugar de la de los vencidos, seremos capaces de ocupar nuestro lugar legítimo.

Antes, en todas estas cosas somos más que vencedores por medio de aquel que nos amó. (Romanos 8:37)

Mucho más reinarán en vida por uno solo, Jesucristo. (Romanos 5:17)

Porque de su plenitud tomamos todos, y gracia sobre gracia. (Juan 1:16)

Y sometió todas las cosas bajo sus pies, y lo dio por cabeza sobre todas las cosas a la iglesia. (Efesios 1:22)

Hemos de funcionar como gobernantes que dominan las fuerzas espirituales y reinan ahora como reyes sobre la tierra en Jesucristo. Debemos entender que quien pueda reinar sobre fuerzas espirituales también puede gobernar condiciones políticas. La iglesia debería influenciar los elementos políticos del mundo para beneficio de la raza humana.

Tenemos una justicia ilimitada.

Caminemos en nuestros privilegios ilimitados y desempeñemos el papel de los propios gobernantes de Dios en este mundo de tinieblas, odio y egocentrismo.

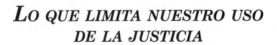

LO QUE LIMITA NUESTRO USO DE LA JUSTICIA

¿Qué es lo que limita el que actuemos en base a la Palabra y ocupemos nuestro lugar en Cristo?

¿Qué es lo que nos impide sacar partido de nuestra justicia en Cristo?

Sabemos que somos la justicia de Dios en Cristo. Sabemos que Dios es la fuerza de nuestra vida. Sabemos que tenemos su capacidad, y que es suficiente para afrontar cada crisis en nuestra vida. Sabemos que su Palabra en nuestros labios sanará a los enfermos, fortalecerá a los débiles y despertará a los inconversos para que reciban el plan de salvación de Cristo.

Sabemos todo esto. ¿Por qué somos tan lentos para actuar?

Puede que sea debido a una mente no renovada.

Sabemos que su Palabra en nuestros labios sanará a los enfermos, fortalecerá a los débiles y despertará a los inconversos para que reciban el plan de salvación de Cristo.

Después de que uno nace de nuevo y entra a esta vasta herencia de gracia, la mente puede que no esté en armonía con un espíritu recreado, con lo cual es necesario renovar la mente. Una mente no renovada mantiene a muchos hombres y mujeres en un estado de inutilidad que, de no ser así, serían personas que podrían ser usadas poderosamente por el Señor. La mente se renueva actuando según la Palabra, y por medio de una relación íntima con Dios a través de su Palabra.

Cuando la Palabra se ignora, la razón ocupa el trono.

La justicia también fracasa cuando los sentidos gobiernan el espíritu. En este caso, el temor y la incredulidad se sientan en el trono, y el creyente empieza a temer el hecho de ocupar su lugar. El creyente ve la necesidad y sabe que debería ser capaz de liberar a esa persona a la que el adversario tiene atada, pero la mente no renovada destruye la iniciativa espiritual y paraliza a los hijos de Dios.

Esto ocurre debido a una falta de comunión con el Padre. No hay un verdadero apetito por la Palabra. El creyente puede que disfrute pasivamente leyendo la Biblia, pero no actúa de manera activa sobre ella.

EL SEÑORÍO DE LA PALABRA

No hay un sentimiento de aprecio por el señorío de la Palabra, de su autoridad en los labios del creyente, o de su capacidad, a través de la Palabra, de incitar a hombres y mujeres a pasar a la acción.

Si alguien no tiene ese sentimiento del señorío de la Palabra, nunca podrá ser capaz de usarla, aunque intelectualmente sepa que él es la justicia de Dios, que tiene las capacidades de Dios, que tiene un derecho legar para usar el nombre de Jesús con toda su autoridad. No reconoce el señorío del amor o el señorío de la Palabra. No hay una confesión audaz de lo que él es en Cristo. El resultado es una debilidad de espíritu, una fe vacilante y un sucumbir a las circunstancias.

Todo el tiempo, reconocerá que él es la justicia de Dios, pero no le está sacando partido.

Se encuentra viviendo atado a los sentidos, dirigiéndose de manera inconsciente a los sentidos en busca de ayuda y seguridad en sus momentos de necesidad.

No está practicando la justicia.

Está actuando sólo a través de la capacidad humana, e ignora su lugar en Cristo. En un momento de crisis, busca a alguien que ore por él o que actúe por él. Ignora el uso del nombre de Jesús, y se olvida del tipo de hombre que es. Se encuentra viviendo una vida mediocre cuando debería ser un súper hombre. Es débil cuando debería ser fuerte. Lo tiene todo, conoce su riqueza y también sus derechos, y sin embargo vive en pobreza espiritual.

Todo debido a que no está ocupando su lugar y actuando según la Palabra de Dios.

Capítulo quince

La justicia nos hace enseñorearnos de la maldad

Si podemos entrar en el salón del trono y estar en la presencia de Dios sin temor, entonces sabemos que somos su justicia en Cristo, y que somos señores sobre toda maldad.

Satanás y los demonios conocían a Jesús. Sabían quién era Él y también lo que era. También sabían que Jesús era consciente de quién era.

De igual forma, Satanás y lo demonios saben quiénes somos nosotros, pero demasiado a menudo somos nosotros los que no lo sabemos.

Jesús dijo: *"Salí del Padre"* (Juan 16:28).

Podemos decir: "Hemos nacido de Dios, y *'todo lo que es nacido de Dios vence al mundo'* (1 Juan 5:4)".

¿Alguna vez ha entendido lo que significa entrar confiadamente en el trono de la gracia? ¿Alguna vez se ha dado cuenta de lo que significa que podamos estar en la presencia del Padre hoy día, como lo hizo Jesús en su caminar en la tierra? ¿Sabe que tenemos el mismo derecho a ser liberados de la conciencia de pecado como lo tuvo Jesús en su ministerio terrenal?

> **Si podemos estar en la presencia del Padre sin ningún sentimiento de inferioridad o pecado, podemos convertirnos en amos de cualquier fortaleza o poder del infierno.**

Si podemos estar en la presencia del Padre sin ningún sentimiento de inferioridad o pecado, podemos convertirnos en amos de cualquier fortaleza o poder del infierno.

Satanás será derrotado.

Cuando sabemos que somos la justicia de Él, y lo sabemos como Jesús sabía quién era, no tendremos temor a la pobreza, la enfermedad o cualquier tipo de mal. Sabremos que, por medio de Él, tenemos absoluto dominio sobre todo poder del enemigo.

Sabremos que Filipenses 4:19 es nuestro: *"Mi Dios, pues, suplirá todo lo que os falta conforme a sus riquezas en gloria en Cristo Jesús"*.

No habrá preocupaciones por nuestra economía. Simplemente le daremos a conocer a Él nuestras necesidades, y serán suplidas.

Jesús dijo:

Vuestro Padre celestial sabe que tenéis necesidad de todas estas cosas. Mas buscad primeramente el reino de Dios y su justicia, y todas estas cosas os serán añadidas. (Mateo 6:32–33)

Nos hemos convertido en su justicia en Cristo. Cuando confesamos el señorío de Jesús, no es sólo su señorío sobre nosotros, sino también su señorío sobre toda maldad a través de nosotros y por medio de nosotros. En el momento en que hacemos esta confesión, nos hacemos uno con Él. Somos sus representantes en la tierra. Estamos actuando en el nombre de Jesús.

En el nombre de Jesús somos amos y señores. En su nombre somos vencedores. En su nombre dominamos las circunstancias y las fuerzas del mal.

Cuando reconocemos su señorío sobre nosotros, es su señorío a través de nosotros. Es su señorío en nuestras palabras, así que podemos decir: "En el nombre de Jesús, demonio, sal de ese cuerpo".

> **En el nombre de Jesús somos amos y señores. En su nombre somos vencedores. En su nombre dominamos las circunstancias y las fuerzas del mal.**

Podemos decirle a la enfermedad: "Cáncer, en el nombre de Jesucristo, tu Señor, sal de ese cuerpo", y se irá.

Somos señores porque Él es nuestro Señor; y como nuestro Señor, Él está obrando a través de nosotros. Él se enseñorea de las fuerzas de las tinieblas a través de nosotros. Nos hemos convertido en su justicia recibiendo vida eterna: la naturaleza del Padre. En el momento en que eso se convierte en una realidad para nosotros, nos convertimos en vencedores. Los demonios nos temerán, igual que temían a Jesús.

¿Cuántas veces los demonios deben de haber dicho: "Si ese creyente conociera su autoridad, nos enviaría al abismo"? Sin embargo, el creyente no conocía su autoridad. Estaba orando por fe, intentando obtener poder, ayunando, clamando y rogando a Dios que le diera eso que ya tenía. Tenía la autoridad, tenía la capacidad para usar la autoridad, ¡pero no lo sabía!

Nos hemos convertido en lo que Él era en su caminar en la tierra. Él se convirtió en lo que nosotros éramos, para que nosotros pudiéramos convertirnos en lo que Él era y es.

A través de la nueva creación, somos pámpanos de la Vid, miembros de su cuerpo.

"Pues como él es, así somos nosotros en este mundo" (1 Juan 4:17).

Así como Él se convirtió en una nueva creación, nosotros también.

Así como Él es la justicia de Dios, nosotros también.

Así como Él es un heredero de Dios, nosotros también.

Así como Él es Señor sobre toda la creación, nosotros también en su nombre.

Así como Él tiene comunión con el Padre, nosotros también.

Así como Él tiene autoridad en el cielo y en la tierra, nosotros también en el nombre de Jesús.

Jesús recibió toda la autoridad cuando resucitó de los muertos. Él no necesitaba esa autoridad para Él mismo; esa autoridad le pertenece a su cuerpo, la iglesia. Por eso, nosotros tenemos derecho a ejercitar esa autoridad para hacer la obra que Él comenzó a hacer y que nos dejó para que la continuásemos.

Jesús dijo: *"Las obras que yo hago, él las hará también; y aun mayores hará, porque yo voy al Padre"* (Juan 14:12).

En el momento en que Jesús se sentó a la diestra del Padre, capacitó a la iglesia para ir y hacer el tipo de obra que Él estaba haciendo antes de su crucifixión.

En el momento en que Jesús se sentó a la diestra del Padre, capacitó a la iglesia para ir y hacer el tipo de obra que Él estaba haciendo antes de su crucifixión.

Él tiene autoridad.

Somos uno con Él para usar esa autoridad para glorificar al Padre.

Capítulo dieciséis

Los frutos de la justicia

Y aumentará los frutos de vuestra justi-cia. (2 Corintios 9:10)

Este versículo ha desafiado mi espíritu duran-te algún tiempo. A menudo me preguntaba cuáles eran esos frutos de justicia. Después de todo, sabemos del fruto del Espíritu, pero sabe-mos muy poco sobre los frutos de justicia.

Entonces me acordé de los frutos de justicia en la vida de Jesús. Los frutos de justicia no eran sólo acciones correctas, sino que también llevaban la voluntad de su Padre, hablaban de las palabras de su Padre.

Eso significaba sanar a los enfermos, alimen-tar a las multitudes, y todas las demás manifes-taciones de su amor por el hombre.

Esos fueron los frutos de justicia.

Si hemos de llevar frutos de justicia, tendrán que ser similares a estos.

En Juan 15:5, Jesús dijo: *"Yo soy la vid, voso-tros los pámpanos"*. El pámpano lleva el mismo tipo de fruto que la vid. Es como la vid porque es parte de la vid.

Así, los frutos de justicia en nuestra vida serán bendecir y ayudar a otros, sanando sus enfermedades, abriendo la Palabra para ellos, y rompiendo el poder del adversario sobre sus vidas. Será enseñarles cómo vivir en la voluntad del Padre y cómo disfrutar de toda la plenitud de su gracia. Será mostrando en nuestro diario vivir una comunión intrépida con el Padre, una actitud audaz hacia el adversario y todas sus obras, y una valiente actitud de dominio sobre las circunstancias.

Esto es algo tremendamente nuevo para la mayoría de nosotros.

UNA FE INTRÉPIDA

¡Qué cosas tan maravillosas se podrían hacer si los hombres fueran conscientes de su justicia!

¡Qué audacia tendrían ante la enfermedad!

Todo el ministerio público de Jesús era fruto de su justicia.

Jesús no tenía miedo de Dios, de Satanás o de las enfermedades malignas, ni siquiera de la muerte. Él no tenía temor cuando estaba en medio de las tormentas que llenaban de terror los corazones de otros hombres.

Un hombre me dijo una vez: "Si supiera que soy lo que la Palabra dice que soy, podría sacudir el mundo". Desgraciadamente, él nunca había aprendido a creer la Palabra, aunque no tenía ningún problema para creer la Palabra si dijera que él era indigno, o sin valor, pobre, débil o falto de fe. Eso sí lo creería, porque había llegado a ser una parte de su consciencia, pero no podía entender el hecho de que Dios pudiera recrearle y hacerle justo.

Otro hombre dijo: "Si yo no tuviera conciencia de pecado, tendría fe. Si tuviera fe, me levantaría de esta cama completamente sanado".

Él era cristiano. Decía que creía que sus pecados habían sido perdonados, y que había sido justificado, y sin embargo la conciencia de pecado se había convertido en su señor.

> **Jesús no tenía miedo de Dios, de Satanás o de las enfermedades malignas, ni siquiera de la muerte. Él no tenía temor cuando estaba en medio de las tormentas que llenaban de terror los corazones de otros hombres.**

Algunos incluso llegarán a declarar: "He recibido el Espíritu Santo y hablo en lenguas". Sin embargo, ellos también están dominados por la conciencia de pecado.

Todo porque la Palabra de Dios nunca se convirtió en una realidad para ellos. De vez en cuando, una parte de la Palabra era real, pero la mayor parte de la verdad concerniente a su condición espiritual permanecía siendo territorio desconocido.

EL PROBLEMA DE DIOS

El problema es este: ¿Era Dios capaz de producir una redención que redimiera al hombre de la mano del adversario, le recreara, le hiciera una nueva criatura y remitiera todo lo que hubiera hecho jamás? ¿Podría Dios limpiar la naturaleza de pecado del hombre con su propia naturaleza para que el hombre pudiera estar ante su Creador sin la vergüenza de la conciencia de pecado, sin sentimientos de culpa o inferioridad?

Sí, pudo y proveyó una redención adecuada.

A quien Dios puso como propiciación por medio de la fe en su sangre, para manifestar su justicia, a causa de haber pasado por alto, en su paciencia, los pecados pasados, con la mira de manifestar en este tiempo su justicia, a fin de que él sea el justo, y el que justifica al que es de la fe de Jesús.

(Romanos 3:25–26)

120

Nadie puede acusarnos de cargo alguno, porque Dios es el que nos ha declarado justos.

Cuando nos convertimos en nuevas criaturas, aquello que nos ha mantenido atados, incapaces de estar en la presencia de Dios, ha sido limpiado. En el lugar de nuestro pecado y nuestra unión con Satanás ha llegado una unión con Dios. La vida eterna—una nueva naturaleza, una nueva posición ante Dios—ha llegado al hombre que tiene fe en Jesús.

> **Nadie puede acusarnos de cargo alguno, porque Dios es el que nos ha declarado justos.**

Si esto es cierto, podemos saber que nuestras oraciones son contestadas, podemos usar el nombre de Jesús, y Satanás nos obedecerá.

Al que no conoció pecado, por nosotros lo hizo pecado, para que nosotros fuésemos hechos justicia de Dios en él.

(2 Corintios 5:21)

Él nos ha limpiado con la sangre de su propio Hijo, y ahora podemos acudir ante la presencia del Padre como si el pecado nunca nos hubiera tocado.

Será interesante notar algunos de los frutos especiales de la justicia.

Tendremos fe en sus palabras en nuestros labios, como Jesús tenía fe en las palabras del Padre en sus labios.

Cuando Jesús hablaba a los enfermos y les decía: *"Levántate, toma tu lecho, y anda"* (Juan 5:8), el Padre le había dado esas palabras.

Nosotros tenemos las palabras del Padre para usarlas. Podemos decir a los enfermos: *"Te mando en el nombre de Jesucristo que salgas de ella"* (Hechos 16:18), y el demonio obedecerá por las palabras del Padre declaradas con nuestra boca.

Podemos decir: *"Por su llaga fuimos nosotros curados"* (Isaías 53:5) y saber que el Padre lo hará.

Tendremos fe en las palabras del Padre en nuestros labios.

Tendremos fe en el nombre de Jesús en nuestros labios.

SOMOS AMOS Y SEÑORES

Habrá una ausencia de temor ante la necesidad y la carencia. Después de todo, somos la justicia de Dios en Cristo. El fruto de esa justicia será sanidad para los enfermos y rotura del dominio de Satanás sobre los hombres. Será la capacidad para desplegar la Palabra.

En el momento en que nos convertimos en la justicia de Dios, el Espíritu se convierte en nuestro maestro y la Palabra se convierte en nuestro alimento y nuestra educación. Para ese fin, deberíamos estudiar la Palabra, escudriñándola. El Espíritu la iluminará y hará de ella algo vivo en nuestros labios y nuestros corazones.

Ya no tendremos miedo de Dios, porque nos daremos cuenta de que Él es nuestro Padre. Iremos a Él con un sentimiento de gozo y encontraremos descanso en su presencia. Será tan natural para nosotros ir a Él como lo es para un hijo ir a su padre.

> *En el momento en que nos convertimos en la justicia de Dios, el Espíritu se convierte en nuestro maestro y la Palabra se convierte en nuestro alimento y nuestra educación.*

Experimentaremos una libertad en la oración que hasta ahora no habíamos conocido porque tomaremos nuestro lugar y diremos: "Padre, gracias porque tenemos derecho a venir ante tu presencia, y sabemos que te agrada que vengamos".

Creeremos que el amor que nos ha sido impartido por la naturaleza de Dios vencerá. El amor será como el amor del que Jesús habló y demostró. Creeremos en el amor que está en nosotros, que es más fuerte que cualquier fuerza que pueda venir contra nosotros.

Tendremos fe en que la humanidad responderá al llamado del amor, y que veremos el fruto de nuestro ministerio.

Tendremos fe en 1 Corintios 1:30, que dice: *"Mas por él estáis vosotros en Cristo Jesús, el cual nos ha sido hecho por Dios sabiduría, justificación, santificación y redención"*. Jesús mismo está en nosotros, como lo estaba en Pablo. Sabremos que Él no sólo es nuestra sabiduría, sino que también *"nos ha sido hecho…justicia"*.

> **Jesús es ahora nuestra posición ante el Padre. No debemos tener ningún sentimiento de culpa, ni hemos de orar continuamente por perdón.**

Jesús es ahora nuestra posición ante el Padre. No debemos tener ningún sentimiento de culpa, ni hemos de orar continuamente por perdón. No debemos tener sentimiento de pecado, porque Él es nuestra justicia y Él está en nosotros. Su plenitud y capacidad están en nosotros; son nuestras. Él es nuestra santificación.

Él nos está separando de las cosas que podrían ser un

obstáculo para nuestro ministerio, nuestro caminar, nuestro gozo y nuestra utilidad.

Él es nuestra redención de la mano del enemigo.

Desde este instante, Él nos está redimiendo de la ignorancia, el fracaso, la debilidad y los hábitos que nos han tenido atados.

Él ha sido hecho todo esto para nosotros a través de la gracia.

Lo creemos.

Nos gozamos en ello y vivimos en la plenitud de esto.

Capítulo diecisiete

Las obras de la justicia

Porque somos hechura suya, creados en Cristo Jesús para buenas obras, las cuales Dios preparó de antemano para que anduviésemos en ellas. (Efesios 2:10)

Estas buenas obras están todas planeadas por el Padre. No hay nada que se nos haya pedido que no podamos lograr.

Si Él dice que *"no tuviese mancha ni arruga"* (Efesios 5:27), Él puede hacer que no haya mancha ni arruga en nuestra conducta.

Si Él dice que somos *"santos y sin mancha delante de él"* (Efesios 1:4), Él tiene la capacidad de presentarnos santos y sin mancha ante el Padre.

En la redención, la nueva creación no tiene pasado. *"Las cosas viejas pasaron; he aquí todas son hechas nuevas. Y todo esto proviene de Dios"* (2 Corintios 5:17–18).

Es la vida de Dios impartida a nosotros lo que produce estas cosas.

De cierto, de cierto os digo: El que cree en mí, tiene vida eterna. (Juan 6:47)

Estas cosas os he escrito a vosotros que creéis en el nombre del Hijo de Dios, para que sepáis que tenéis vida eterna, y para que creáis en el nombre del Hijo de Dios.

(1 Juan 5:13)

Poseemos esta vida eterna, la naturaleza de Dios, ahora. Si tenemos la naturaleza de Dios, haremos las cosas que haría la naturaleza de Dios. Debemos tener la naturaleza de Dios en nuestro corazón y nuestra alma de la forma correcta. Esto nos hará crecer de manera maravillosa. Otros no lo entenderán, no podrán razonarlo. ¿Por qué? Porque hemos dejado que la naturaleza de Dios nos domine.

> **Si tenemos la naturaleza de Dios, haremos las cosas que haría la naturaleza de Dios.**

Hijitos, vosotros sois de Dios, y los habéis vencido; porque mayor es el que está en vosotros, que el que está en el mundo.

(1 Juan 4:4)

Estos poderosos versículos prometen un nivel de vida más elevado de aquel en que la mayoría de nosotros vivimos actualmente. Prometen que Dios nos dará la capacidad de ser lo que Él nos pide ser. Nosotros, que podemos estar en la presencia del Padre sin sentimientos de condenación, somos como el propietario de una empresa que tiene grandes sumas de dinero en su cuenta bancaria mientras que su empresa cierra y deja a sus empleados sin trabajo. Tiene recursos para arreglarlo, pero no hace nada para ayudar a sus empleados.

Nosotros tenemos los recursos de Dios a nuestra disposición. No tenemos sentimiento de condenación, y somos totalmente libres para usar el nombre de Jesús. Podemos sanar a los enfermos, podemos predicar la Palabra con poder, podemos soltar las riquezas de la gracia de Dios para que hombres y mujeres sean edificados en su fe. Estamos en contacto con la plenitud del amor de Dios, y no hay límite a lo que podemos hacer.

Recordamos lo que dijo Jesús: *"Para Dios todo es posible"* (Mateo 19:26), y *"al que cree todo le es posible"* (Marcos 9:23). Una estos dos versos y verá las bendiciones que recibe la raza humana. Pero no podemos pedir sus bendiciones con cierto grado de confianza a menos que estemos seguros de nuestra justicia.

> **Cuando uno queda libre de su sentimiento de culpa y condenación, la fe puede crecer hasta convertirse en poder para hacer milagros.**

Hay un Dios omnipotente de amor y fidelidad, y hay un gran cuerpo de personas que necesitan su ministración y bendición. Nosotros, que somos la justicia de Dios, tenemos la clave para la situación. Cuando uno queda libre de su sentimiento de culpa y condenación, la fe puede crecer hasta convertirse en poder para hacer milagros.

Todo esto es para un fin: que podamos llevar frutos de justicia.

De nuevo, recuerde las palabras de Jesús: *"El que en mí cree, las obras que yo hago, él las hará también"* (Juan 14:12). Él bendijo al mundo. Nosotros daremos el mismo tipo de fruto.

> *Porque la ley, teniendo la sombra de los bienes venideros, no la imagen misma de las cosas, nunca puede, por los mismos sacrificios que se ofrecen continuamente cada año, hacer perfectos a los que se acercan. De otra manera cesarían de ofrecerse, pues los que tributan este culto, limpios una vez, no tendrían ya más conciencia de pecado. Pero en estos sacrificios cada año se hace memoria de los pecados; porque la sangre de los toros y de los machos cabríos no puede quitar los pecados.* (Hebreos 10:1–4)

Israel tenía una continua conciencia de pecado. Jesús fue el fin del sacrificio. Los que hemos sido recreados ya no tenemos conciencia de pecado porque somos la justicia de Dios en Él.

> *Pero Cristo, habiendo ofrecido una vez para siempre un solo sacrificio por los pecados,*

se ha sentado a la diestra de Dios, de ahí en adelante esperando hasta que sus enemigos sean puestos por estrado de sus pies. (versículos 12–13)

Jesús se sentó a la diestra de Dios. El sumo sacerdote que llevaba la sangre de toros y carneros al Lugar Santísimo no podía sentarse porque sabía que el año siguiente tendría que regresar de nuevo.

Jesús hizo un sólo sacrificio.

Porque con una sola ofrenda hizo perfectos para siempre a los santificados.
(versículo 14)

Nuestra justicia, nuestra recreación, el que ahora seamos hijos, todo es perfecto.

"Mas el justo vivirá por fe" (versículo 38). ¿Cómo debe caminar? Por fe. Se ha convertido en la justicia de Dios en Cristo. Desde ahora en adelante, su caminar es un caminar de fe.

Significa caminar y vivir en la Palabra. Significa andar como Jesús anduvo. Jesús es la seguridad del nuevo pacto.

Cuando Dios le dijo a Moisés: *"Y tú alza tu vara, y extiende tu mano sobre el mar"* (Éxodo 14:16), Moisés así lo hizo, y las aguas se abrieron. Moisés caminó en la Palabra de Dios.

Nosotros debemos caminar en la Palabra de este nuevo pacto. Hemos de caminar en amor y comunión con el Padre. Hemos de caminar en la capacidad de Dios. Tomaremos el lugar de Jesús, y haremos justicia. Destruiremos las obras del adversario, como lo hizo Jesús.

> **Destruiremos las obras del adversario, como lo hizo Jesús.**

Les desvelaremos a otros las riquezas de Cristo hasta que sus corazones se quebranten y digan: "Nosotros también lo queremos tener". En el instante en que aceptan a Cristo, la obra del adversario es rota en sus vidas.

La justicia sale como una luz. La capacidad de Dios queda desvelada para el débil. Jesús se convierte en algo vivo en las vidas de hombres y mujeres, y los milagros se convierten en algo de cada día en sus vidas.

Capítulo dieciocho

La corona de justicia

En 2 Timoteo 4:8, el apóstol Pablo describió *"una corona de justicia"*. Ha de ser la corona de la vida del creyente.

En 1 Juan 2:29, el Espíritu nos dice a través de Juan que *"todo el que hace justicia es nacido de él"*. Hacer la obra de un hombre justo es una vida audaz de intercesión, un testimonio intrépido de la gracia de Dios, un caminar osado ante el mundo y una comunión sin temor con el Padre. Es usar nuestra justicia como Jesús la usó.

Sé que este pensamiento es nuevo, pero es sugerente.

El principal tema del libro de Romanos es mostrar la capacidad de Dios para dejar al hombre en una buena posición ante Dios: hacer al hombre justo para poder estar en la presencia del Padre sin un sentimiento de culpa.

Pablo proclamó de manera triunfante: *"Ahora, pues, ninguna condenación hay para los que están en Cristo Jesús"* (Romanos 8:1).

Después, hizo esta pregunta: *"¿Quién acusará a los escogidos de Dios? Dios es el que justifica. ¿Quién es el que condenará?"* (versículos 33–34).

Dios no falló en su obra redentora. Jesús no falló. El Espíritu no falló en su obra. La Palabra no ha fracasado en hacer bien en cada instancia donde se ha usado.

Y el efecto de la justicia será paz; y la labor de la justicia, reposo y seguridad para siempre. (Isaías 32:17)

> **Cuando somos justificados—o hechos justos— en Cristo, llega el reposo y la seguridad llena nuestros corazones.**

Cuando somos justificados—o hechos justos—en Cristo, llega el reposo y la seguridad llena nuestros corazones. Esta es una declaración profética con relación a la justicia. Profetiza *"la paz de Dios, que sobrepasa todo entendimiento"* (Filipenses 4:7). Esta es una paz que llena el corazón en el momento en que nos convertimos en una nueva criatura. El descanso de Dios, la paz de Dios, y el reposo de Dios llenan nuestros espíritus.

Y vestíos del nuevo hombre, creado según Dios en la justicia y santidad de la verdad. (Efesios 4:24)

Isaías 62:1 aporta algo más de luz en cuanto al propósito de Dios en la redención.

Por amor de Sion no callaré, y por amor de Jerusalén no descansaré, hasta que salga como resplandor su justicia, y su salvación se encienda como una antorcha.

Dios no retendrá su paz hasta que llegue la hora en que podamos convertirnos en su justicia en Cristo. Esa justicia resplandece para salvación—la nueva creación—*"como una antorcha"*.

¿Fue esto verdad en el día de Pentecostés?

Hemos sido justiciados gratuitamente por su gracia a través de la redención que es en Cristo Jesús.

Segunda de Corintios 5:21 se ha hecho realidad:

Al que no conoció pecado, por nosotros lo hizo pecado, para que nosotros fuésemos hechos justicia de Dios en él.

Jesús fue hecho pecado con nuestros pecados. Él fue hecho débil con nuestra debilidad. Fue hecho un fracaso con nuestros fallos. Fue hecho enfermo con nuestras enfermedades. Fue hecho injusto con nuestras injusticias.

Después de quitar todo eso y santificar cada reivindicación de justicia, Él cobró vida—fue hecho justo en Espíritu—y luego, por el nuevo nacimiento, nos hizo la justicia de Dios en Él.

Estamos ante Dios como la propia justicia de Jesús. Somos creados en Cristo Jesús, pero todo proviene de Dios y *"no por obras, para que nadie se gloríe. Porque somos hechura suya, creados en Cristo Jesús"* (Efesios 2:9–10).

> **Estamos ante Dios como la propia justicia de Jesús.**

Cómo alegra el corazón pensar que el hombre no tiene gloria alguna. Todo proviene de Dios. Es la gracia de Dios desvelada, es el amor de Dios poderosamente ejercitado para enderezarnos.

Ahora podemos entender 1 Corintios 1:30:

Mas por él estáis vosotros en Cristo Jesús, el cual nos ha sido hecho por Dios sabiduría, justificación, santificación y redención.

Todo esto proviene de Dios.

Todo esto nos pertenece.

"El que se gloría, gloríese en el Señor" (versículo 31).

Dios está satisfecho con lo que hizo en la nueva creación, como estaba satisfecho con lo que hizo en la primera creación. Él no se avergüenza de llamarse nuestro Padre. Jesús no se avergüenza de ser llamado nuestro Señor y Salvador, nuestro Redentor y nuestra Justicia. Ellos no se avergüenzan de lo que han hecho.

"¿Quién acusará a los escogidos de Dios?" (Romanos 8:33).

¿Quién los escogió? Dios. Sólo hay una persona en el universo que puede acusarnos: Jesús. Pero Jesús no traerá ningún cargo contra nosotros, porque murió por nosotros. Ahora vive para siempre intercediendo por nosotros a la diestra del Padre. (Véase Hebreos 7:25).

¿Quién nos recreó? Dios.

¿Quién nos dio vida eterna? Dios.

¿Quién nos hizo hijos e hijas de Dios? Dios.

Todo es de Dios.

Somos aceptados y amados, y el Padre se regocija por ello.

Somos sus propios hijos.

Capítulo diecinueve

Algunas realidades de la justicia

Nosotros no crecemos en justicia. El crecimiento en justicia es algo que no existe. Somos hechos justos. Dios mismo es nuestra justicia, y Él hizo que Jesús fuera justicia en nosotros.

Hay crecimiento en el conocimiento de lo que significa la justicia, y hay crecimiento a la hora de actuar como si fuéramos justos. También hay un crecimiento en fe en nuestra justicia. Muy pocas personas tienen algo de fe en su justicia en Cristo. Tienen fe en sus debilidades y su falta de capacidad, pero pocos tienen fe en lo que Dios les ha hecho ser. Este es un triste hecho. Hasta que no tengamos confianza en nuestra propia posición ante el Padre, en nuestra propia justicia en Cristo, nunca tendremos una fe que traiga bendición a nuestras vidas y a las de otros.

La fe se destruye con la conciencia de pecado.

La fe se edifica y se hace invencible con la conciencia de la justicia.

Todo el problema se apoya sobre nuestro juicio de la Palabra. Si tenemos un bajo concepto de la Palabra, tendremos un bajo concepto de nuestra justicia en Cristo, y nuestra fe se debilitará y vacilará. Pero si creemos en la Palabra, descansamos en la Palabra y sabemos que ninguna Palabra de Dios es incierta y que Él no puede mentir, entonces nuestra fe se fortalece.

> **Si creemos en la Palabra, descansamos en la Palabra y sabemos que ninguna Palabra de Dios es incierta y que Él no puede mentir, entonces nuestra fe se fortalece.**

Cuando decimos que Dios no puede mentir, queremos decir que la Palabra no puede mentir. La Palabra es el contrato, el pacto y el instrumento legal con el que interactuamos. Pero es más que un documento legal, es también un documento vivo. Se convierte en una fuerza viva en nuestra vida cuando actuamos en base a ella.

Un bajo concepto del nuevo pacto (el Nuevo Testamento), producirá un bajo concepto de la obra que hizo Cristo. Un bajo concepto de la Palabra y de la obra que Cristo hizo tendrá irremediablemente un efecto sobre nuestras vidas. Hombres y mujeres verán que hay algo débil e ineficiente en nosotros.

El cual fue entregado por nuestras transgresiones, y resucitado para nuestra justificación. (Romanos 4:25)

Cuando creemos esto totalmente, se manifestará en nuestras vidas y en nuestra conducta. La gente lo sentirá en nuestra conversación; pero si dudamos de la eficacia de su obra terminada, cada fase de nuestra vida lo mostrará.

La razón por la que la gente no puede recibir su sanidad es por un bajo concepto de la Palabra y de la obra terminada de Cristo.

Cuando tengamos el concepto apropiado de la obra terminada de Jesucristo, sabremos que *"por su llaga fuimos nosotros curados"* (Isaías 53:5). Sabremos que somos sanados, y con gozo le daremos gracias por ello.

El hecho de que intentemos ser dignos, ser justos, de que clamemos y agonicemos ante el Señor, es el producto de un bajo concepto de la integridad de la Palabra de Dios.

Cuando sabemos que la Palabra es verdad, que realmente somos lo que la Palabra dice que somos, y que podemos hacer todo lo que la Palabra dice que podemos, comenzamos de inmediato a ocupar nuestro lugar, a imponer nuestra autoridad y a disfrutar de nuestros privilegios en Cristo.

Podemos crecer en la gracia. La gracia es amor desvelado. Es amor en acción, y podemos crecer en eso. Podemos dejar que el amor nos domine, y entonces revelaremos a Jesús en nuestra conducta.

Podemos crecer en amor hasta que toda nuestra vida se sature de él, hasta que todos nuestros motivos nazcan de él, y hasta que todas nuestras palabras tengan su fragancia.

Podemos crecer en fe mientras caminamos en la Palabra.

Pero somos justos desde que nacemos de nuevo. Podemos crecer en el conocimiento de nuestra justicia, lo que puede significar para nosotros y sus amplios privilegios y responsabilidades.

De igual forma, tampoco podemos crecer en el hecho de que somos hijos, aunque podemos crecer en el conocimiento de lo que eso significa.

Quizá la definición más clara de lo que somos en Cristo se encuentra en Hebreos 10:38: *"Mas el justo vivirá por fe; y si retrocediere, no agradará a mi alma"*.

Si retrocedemos y regresamos a la esfera de las obras muertas, le robamos el gozo que le pertenece solo a Él.

LA NECESIDAD REAL DEL HOMBRE ESTÁ SUPLIDA

Jesús, en su gran oración sacerdotal de Juan 17:3, dijo: *"Y esta es la vida eterna: que te conozcan a ti, el único Dios verdadero, y a Jesucristo, a quien has enviado".*

La palabra verdadero significa "real". En otras palabras: "Que te conozcan a ti, el único Dios [real]".

Quizá tengamos muchas teorías y datos que los hombres han reunido en cuanto a Dios, pero nunca conoceremos al Padre real hasta que recibamos la vida eterna. Nunca conoceremos al Cristo real hasta que recibamos la vida eterna. Puede que sepamos de Él, puede que hayamos leído libros acerca de Él, pero hasta que no recibimos la vida eterna no podemos conocerle realmente.

Jesús es la luz del mundo. Este Dios de amor y este Cristo de amor son realidades vivas.

Él dijo: *"Yo soy el camino, la verdad* [la realidad], *y la vida"* (Juan 14:6).

La filosofía real es una búsqueda de Dios. En el momento en que el filósofo encuentra la vida eterna, deja de ser un filósofo y se convierte en un realista.

Dios es amor. La vida eterna es la naturaleza de amor de Dios. Cuando recibimos la vida eterna, recibimos su naturaleza de amor. Entonces, esa naturaleza de amor comienza a dominarnos y a obtener más peso en nuestra vida.

Y nosotros hemos conocido y creído el amor que Dios tiene para con nosotros. Dios es amor; y el que permanece en amor, permanece en Dios, y Dios en él. (1 Juan 4:16)

Tenemos que hacer que nuestro hogar sea amor. Es una vida de amor. Estamos empezando a caminar en Él y con Él. Hacemos de Él nuestra compañía.

Respondió Jesús y le dijo: El que me ama, mi palabra guardará; y mi Padre le amará, y vendremos a él, y haremos morada con él.
(Juan 14:23)

¿Podemos pedir algo más hermoso que esto?

Jesús y el Padre vendrán y harán su morada con nosotros, sin importar lo humilde que sea. Ellos harán que sea hermosa, que sea un lugar seguro para los niños. Esta vida de hogar con Jesús es la madre de la fe. Hace que nuestra relación de hogar sea hermosa.

Entramos en una nueva tipo de vida donde nunca pensamos en que estamos abandonados, olvidados o ignorados. Nunca nos acordamos de nada que no sea amable.

Este nuevo amor es vida; esta nueva vida es amor.

Olvidamos a los que nos han hecho algún mal porque esta nueva vida ha tomado posesión de nosotros. Estamos ocupando el lugar de Jesús en la tierra. Estamos amando a otros como Jesús lo haría. Estamos dándoles a otros como Jesús daría. Ayudamos tanto como el Maestro lo haría en nuestro lugar.

Le amamos porque Él nos ama. Vivimos con Él, y su amor es nuestro amor.

Capítulo veinte

Nuestra nueva libertad

Ha estado llegando a los corazones de las personas una nueva sensación de libertad en Cristo. Es un nuevo sentimiento de libertad en la presencia del Padre.

Es abandonarse al amor.

Ha llegado una nueva libertad en amor, una nueva libertad en la Palabra.

Durante años, fuimos como una barca sin acceso al mar en una laguna estrecha. Ahora, estamos navegando en medio del gran océano.

Hay una nueva sensación de superioridad sobre las circunstancias que antes nos aterraban y nos tenían atados. Es una conciencia de esa tremenda realidad: *"porque mayor es el que está en vosotros, que el que está en el mundo"* (1 Juan 4:4).

Nos ha dado una nueva conciencia de superioridad sobre la enfermedad y el dolor. Puede que la enfermedad nos haya tenido antes atados al temor y al pavor, pero ya no le tenemos miedo, porque ha sido vencida. El nombre de Jesús es mayor.

Nuestra relación con el Padre nos hace ser mayores. Somos hijos e hijas del Dios Todopoderoso. Somos partícipes de su naturaleza. Somos miembros de su casa. Estamos tan cerca de su corazón como Jesús lo estaba cuando caminaba sobre esta tierra.

Nos ha llegado un nuevo sentimiento de unidad con Cristo. Somos *"coherederos con Cristo"* (Romanos 8:17). Eso se ha convertido en nuestra realidad. Es más que el apretón de una mano o un abrazo. Es una unión, una unidad orgánica, y de ello fluye una armonía espiritual. Es algo magistral.

¡Somos uno con Él!

"Yo soy la vid, vosotros los pámpanos" (Juan 15:5).

El pámpano descubre su unión con la Vid, deja las preocupaciones y el afán, y dice, "Ya no me preocupo más por si el brote florecerá, por si luego se convertirá en fruto. Ya no me afano". La Vid se ocupa de todo.

Ha llegado a nosotros un nuevo sentimiento de autoridad en Cristo, nacido de la esclavitud y convertido en victoria, nacido de la debilidad y convertido en habilidad para usar su nombre con autoridad.

Ha llegado un extraño y nuevo sentimiento de comunión. Es un gozo que venía sólo intermitentemente pero que ahora vive permanentemente con nosotros.

Pero una de las cosas más dulces que experimentamos es una frescura en la Palabra que no

NUESTRA NUEVA LIBERTAD

habíamos conocido antes, como lo literal y absoluta que es.

Mientras escribo estas palabras, me parece como si el Maestro estuviera aquí, y que si abriera mis ojos podría verle delante de mí. Anhelo arrojarme a sus pies y besar las heridas que provocaron los clavos que le sujetaron en la cruz.

¡Mi Señor! ¡Mi maravilloso y resucitado Señor!

Dios y Jesús están hablando en base a la Palabra en un nuevo sentimiento de realidad.

Hay una presencia en la Palabra.

Es maravillosamente personal.

Él me está hablando, es mi Señor pidiéndome que vaya a una conferencia con Él.

Aquel que una vez fue hecho pecado por mí, ahora me ha hecho justo, y a través de ese acto maravilloso, me ha levantado del lodo y el fango del fracaso para sentarme con Él en el trono.

Aquel que una vez fue hecho pecado por mí, ahora me ha hecho justo, y a través de ese acto maravilloso, me ha levantado del lodo y el fango del fracaso para sentarme con Él en el trono.

No puedo entenderlo. Mi corazón mira y contempla asombrado a mi alrededor.

Un ángel aparece ante mí, a mi favor, declara: "Este es un hijo de Dios. Es un coheredero con nuestro Maestro".

Somos lo que Él dice que somos. Siendo lo que somos, podemos actuar para Él. Podemos ocupar su lugar en la tierra entre los hombres. El nuevo sentimiento de dominio que proviene de nuestra relación con Él nos deja entrar en su trono. Atravesamos los portales del temor y estamos audazmente en la presencia de nuestro Maestro y nuestro Señor. Desde ahora en adelante, estamos bajo las órdenes del cielo.

Jesús es nuestro Señor.

Alegremente cantamos: "Él es nuestro pastor, nada nos faltará".

Dios es ahora nuestro Padre, y está a nuestro favor.

No sólo está a nuestro favor, sino que también está con nosotros.

No sólo está con nosotros, sino que está en nosotros.

Estamos en unión absoluta con Cristo.

El dominio de Satanás sobre nosotros está roto.

Estamos libres en la plenitud de su vida.

Capítulo veintiuno

Algunas formas en que se usa la justicia

En 2 Corintios 6:7–8 leemos: *"En palabra de verdad, en poder de Dios, con armas de justicia a diestra y a siniestra; por honra y por deshonra, por mala fama y por buena fama"*.

La justicia es una armadura en la presencia del ataque más aterrador. Las flechas de Satanás no pueden atravesar la armadura de justicia.

Somos los portadores de justicia.

Estad, pues, firmes, ceñidos vuestros lomos con la verdad, y vestidos con la coraza de justicia. (Efesios 6:14)

¿Cómo nos ponemos la justicia? Confesando. Confesamos que Él es nuestra justicia, vivimos nuestra confesión, y nos enfrentamos sin temor a las fuerzas de las tinieblas con la conciencia de que ninguna flecha puede atravesar la coraza de justicia.

Por lo demás, me está guardada la corona de justicia, la cual me dará el Señor, juez justo, en aquel día; y no sólo a mí, sino también a todos los que aman su venida. (2 Timoteo 4:8)

151

Esta corona va al creyente que ha peleado en justicia para el Maestro. Si caminamos en esta nueva justicia, y hacemos como nos dice Juan en 1 Juan 2:29, nos convertimos en hacedores de justicia.

Si sabéis que él es justo, sabed también que todo el que hace justicia es nacido de él.

¿Qué significa hacer obras de justicia? Significa tener una vida de oración audaz, ser un dador intrépido, y tener un testimonio valiente. Significa actuar sin temor sobre la base de la Palabra, imponer manos sobre los enfermos y echar fuera demonios.

Sabemos que *"pues como él es, así somos nosotros en este mundo"* (1 Juan 4:17).

Sabemos que su justicia nos ha hecho justos.

Nos da acceso a su trono.

> **Quiero estar seguro de que está compartiendo su parte de las bendiciones que reciben quienes hacen justicia.**

Ocupamos nuestro lugar sin ningún temor.

Estamos haciendo las cosas que haría un hombre justo en nuestro lugar.

Estamos dando testimonio como daría testimonio un hombre justo.

Quiero estar seguro de que está compartiendo su

parte de las bendiciones que reciben quienes hacen justicia.

Romanos 5:17 nos lleva al verdadero Lugar Santísimo de justicia.

Pues si por la transgresión de uno solo reinó la muerte, mucho más reinarán en vida por uno solo, Jesucristo, los que reciben la abundancia de la gracia y del don de la justicia.

Nosotros *"reinamos en vida"* como reyes en la esfera de la vida eterna. Tomamos la iniciativa de las mismas manos del enemigo.

Mas cuando el pecado abundó, sobreabundó la gracia; para que así como el pecado reinó para muerte, así también la gracia reine por la justicia para vida eterna mediante Jesucristo, Señor nuestro.

(Romanos 5:20–21)

Hemos estado atados como raza desde la caída del hombre. Ahora, hemos descubierto esta mina de oro de justicia que nos hace reinar como reyes y nos da autoridad sobre las obras del adversario. Ahora, reinamos como reyes en esta esfera de la vida donde una vez servimos como esclavos en la esfera de la muerte espiritual. Ahora, ejercitamos un dominio real en esta esfera de justicia sobre los poderes que una vez nos tenían cautivos.

EL EFECTO DE LA JUSTICIA

Entonces los justos resplandecerán como el sol en el reino de su Padre. (Mateo 13:43)

¡Qué confesión de los labios del Padre el que los que han sido hechos justos con su propia justicia en el nuevo pacto *"resplandecerán como el sol"*! Ahora caminan en la plenitud de la dignidad y la realidad de la propia justicia del Padre.

LA JUSTICIA SEGÚN EL CONCEPTO DEL PADRE

A fin de que él sea el justo, y el que justifica al que es de la fe de Jesús.

(Romanos 3:26)

Dios es la justicia del hombre que tiene fe en Jesucristo como su Salvador y Señor. El Creador del universo se convierte en nuestra justicia.

Al que no conoció pecado, por nosotros lo hizo pecado, para que nosotros fuésemos hechos justicia de Dios en él.

(2 Corintios 5:21)

A través del nuevo nacimiento, nos hemos convertido en la justicia de Dios en Cristo. Él es el Autor y Creador de esta justicia. Por su gran amor, Él se ha convertido en nuestra justicia para darnos confianza y seguridad en nuestro caminar diario.

Porque por gracia sois salvos [o curados] por medio de la fe; y esto no de vosotros, pues es don de Dios; no por obras, para que nadie se gloríe. Porque somos hechura suya, creados en Cristo Jesús.

(Efesios 2:8–10)

Lo que Dios crea lo hace bonito a sus ojos.

Somos su poema de amor.

Nosotros, que nos hemos convertido en nuevas criaturas, tenemos la capacidad de estar ante el trono de la gracia con gozo y confianza en la justicia que Él nos ha dado. No sólo podemos estar ante el trono, sino que también podemos enfrentarnos a Satanás sin miedo.

Somos señores.

Podemos hacer frente al mar turbulento como hizo Jesús, y saber que es nuestro siervo. (Véase Marcos 4:35–40).

Podemos hacer frente a las multitudes hambrientas como lo hizo Jesús, y saber que cinco panes y dos peces, cuando los toca el amor, se multiplicarán hasta que las multitudes queden satisfechas y haya sobras. (Véase Juan 6:1–14).

Podemos estar ante un mundo perdido, sabiendo que el sacrificio de Jesús en el Calvario y su victoria sobre la muerte, el infierno y la tumba es todo lo que necesita este mundo perdido.

El terminal de la verdad

Nadie tiene una justicia mayor que la que nosotros tenemos.

Nadie tiene un Salvador mejor que el que nosotros tenemos.

Nadie tiene una vida eterna mejor que la que nosotros tenemos.

Nadie tiene una posición mejor delante del Padre que la que nosotros tenemos.

Nadie tiene un mejor derecho a usar el hombre de Jesús que el que nosotros tenemos.

Nadie se puede acercar más al corazón del Padre que nosotros.

Somos lo que Él dice que somos.

Si alguno está persuadido en sí mismo que es de Cristo, esto también piense por sí mismo, que como él es de Cristo, así también nosotros somos de Cristo.

(2 Corintios 10:7)

Le pertenecemos a Cristo Jesús.

No seamos como aquellos de los que habla Pedro en 2 Pedro.

> *Pero el que no tiene estas cosas tiene la vista muy corta; es ciego, habiendo olvidado la purificación de sus antiguos pecados. Por lo cual, hermanos, tanto más procurad hacer firme vuestra vocación y elección; porque haciendo estas cosas, no caeréis jamás.* (2 Pedro 1:9–10)

Cuando Pedro escribe de nuestra *"firme elección"*, no quiere decir asegurarnos la entrada en el cielo, pues eso es seguro. Está animando al creyente a llevar un mejor camino en la tierra, a tener la callada confianza que pertenece a los hijos de Dios.

Primera de Corintios 2:12 puede que nos ayude un poco más:

> *Y nosotros no hemos recibido el espíritu del mundo, sino el Espíritu que proviene de Dios, para que sepamos lo que Dios nos ha concedido.*

El objeto del mensaje de Pablo aquí es animar a los creyentes a disfrutar de todo lo que les pertenece como coherederos en Cristo, y a no ser lentos a la hora de sacar partido de esos derechos.

Acerca del autor

El Dr. E. W. Kenyon (1867–1948) nació en el condado de Saratoga, Nueva York. A los diecinueve años predicó su primer sermón. Pastoreó varias iglesias en Nueva Inglaterra y fundó el instituto bíblico Bethel en Spencer, Massachussetts. (La escuela después se convirtió en Providence Bible Institute cuando fue relocalizada en Providence, Rhode Island). Kenyon sirvió como evangelista durante más de veinte años. En 1931 se convirtió en un pionero de la radio cristiana en la costa del Pacífico con su programa *Kenyon's Church of the Air*, donde recibió el apodo de "El edificador de la fe". También comenzó la iglesia New Covenant Baptist Church en Seattle, Washington. Además de sus ministerios de pastorado y de radio, Kenyon escribió extensamente.